INGLÉS
EXPRESS

Visita nuestra Web:
https://aguilar.inglesen100dias.com/
para acceder al contenido online del curso y seguir
aprendiendo desde tu celular o computadora.

Inglés Express
Primera edición: julio de 2019

© 2019, TRIALTEA USA, L.C.
© 2019, de la presente edición:
Penguin Random House Grupo Editorial USA, LLC.,
8950 SW 74th Court, Suite 2010
Miami, FL 33156

Diseño de cubierta: Mumy Urbano
Fotografía de cubierta: © Georgerudy - Dreamstime.com
Diseño de interiores: Griselda Muñiz

ISBN: 978-1-644730-50-8

Impreso en Estados Unidos / *Printed in USA*

Penguin
Random House
Grupo Editorial

índice

índice

índice

índice

unidades

unidad 1

1 PRONOMBRES PERSONALES SUJETO
2 PRESENTE DEL VERBO «TO BE» (FORMA AFIRMATIVA)
3 CONTRACCIONES
4 SALUDOS (I) - *Greetings*
5 EJERCICIOS

PRESENTE DEL VERBO «TO BE» (FORMA AFIRMATIVA)

El verbo «**to be**» equivale a los verbos «*ser*» y «*estar*».

En presente, su forma afirmativa es:

I am	*yo soy, estoy*
you are	*tú eres, estás*
	usted es, está
he is	*él es, está*
she is	*ella es, está*
it is	*es, está*
we are	*nosotros/as somos, nosotros/as estamos*
you are	*vosotros/as sois, estáis*
	ustedes son, están
they are	*ellos/as son, están*

PRONOMBRES PERSONALES SUJETO

Vamos a empezar por conocer los equivalentes en inglés de los pronombres personales sujeto, que son aquellos que realizan la acción.

Singular	Plural
I *yo*	**we** *nosotros/as*
you *tú, usted*	**you** *vosotros/as, ustedes*
he *él*	
she *ella*	**they** *ellos/as*
it –	

I am American. / *Soy estadounidense.*
You are at school. / *Estás en la escuela.*
He is Peter. / *Él es Peter.*
She is Mexican. / *Ella es mexicana.*
It is a dog. / *Es un perro.*
We are in Madrid. / *Estamos en Madrid.*
You are here. / *Vosotros estáis aquí.*
They are brothers. / *Ellos son hermanos.*

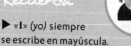

Recuerda

▶ «**I**» *(yo)* siempre se escribe en mayúscula.

▶ «**You**» se usa tanto en singular como en plural, para tratamientos informales *(tú, vosotros/as)*, como formales *(usted, ustedes)*.

▶ «**It**» se utiliza para referirnos a un animal, una cosa, un lugar, etc., es decir, no a personas, y no tiene equivalente en español.

▶ «**They**» *(ellos/as)* es la forma plural de «**he**», «**she**» e «**it**».

Como podemos ver en los ejemplos, los pronombres personales (I, you, he, etc.) siempre han de aparecer en la frase, aunque en español no aparezcan explícitamente.

CONTRACCIONES

El presente del verbo «to be» se puede contraer con el sujeto. Para ello, se unen ambas palabras y la primera letra del verbo se sustituye por un apóstrofe.

I am = **I'm**
you are = **you're**
he is = **he's**
she is = **she's**
It is = **it's**
we are = **we're**
you are = **you're**
they are = **they're**

I'm Michael. / *Soy Michael.*
It's a car. / *Es un auto.*
You're a student. / *Eres estudiante.*
We're Spanish. / *Somos españoles.*
He's Argentinian. / *Él es argentino.*
They 're tall. / *Ellos son altos.*

La forma **«is»** también puede contraerse con el sujeto cuando éste es un nombre propio.

John's English = **John is** English
John es inglés.

VOCABULARIO: SALUDOS (I) - *Greetings*

Hello! / *¡Hola!*
Hi! / *¡Hola!*
How are you? / *¿Cómo estás?*
What's up? / *¿Qué tal?*
How are things? / *¿Qué tal van las cosas?*
How are you doing? / *¿Cómo te va?*
How are you getting on? / *¿Qué tal?*

A estas preguntas se les puede responder con:

Very well, thank you / *Muy bien, gracias.*
Fine, thank you / *Bien, gracias.*
Okay, thank you / *Bien, gracias.*

Dependiendo de la parte del día cuando saludemos, también podemos usar:

Good morning! / *¡Buenos días!*
Good afternoon! / *¡Buenas tardes!*
Good evening! / *¡Buenas noches!*

Ejercicios

1.- Completa con los pronombres correspondientes.

a) _____ am Tom.

b) _____ is Mary.

2.- Escribe las formas contraídas de:

c) He is _____

d) We are _____

e) Michael is _____

f) They are _____

g) I am _____

h) It is _____

3.- ¿Cómo se dice en inglés «¡Buenos días!»?

_____

_____

4.- Elige la respuesta correcta

How are you?

Well, please.
Good evening!
Fine, thank you.

---

unidad 2

contenido

1 PRESENTE DEL VERBO «TO BE» (F. NEGATIVA)
2 PRESENTE DEL VERBO «TO BE» (F.INTERROGATIVA)
3 DESPEDIDAS – *Saying farewell*
4 SIGNOS DE EXCLAMACIÓN E INTERROGACIÓN
5 EJERCICIOS

PRESENTE DEL VERBO «TO BE» (FORMA INTERROGATIVA)

Para realizar preguntas con el verbo «to be» invertimos el orden del sujeto y el verbo.

Am I?	**Are we?**
Are you?	**Are you?**
Is he?	
Is she?	**Are they?**
Is it?	

Am I your teacher? / ¿Soy vuestro profesor?

Are you Susan? / ¿Eres Susan?

Is he French? / ¿Él es francés?

Is it a dictionary? / ¿Es un diccionario?

Are we in the USA? / ¿Estamos en los EEUU?

Are they American?

¿Ellos son estadounidenses?

Las preguntas también pueden ser negativas:

Aren't you John? / ¿No eres John?

Isn't he a doctor? / ¿Él no es médico?

Aren't they Spanish?
¿Ellos no son españoles?

13

PRESENTE DEL VERBO «TO BE» (FORMA NEGATIVA)

Para formar una frase negativa con el presente del verbo «to be», añadimos «**not**» detrás del verbo. También se puede expresar de forma contraída.
En este caso, veremos que existen dos formas de contraer la negación, aunque la primera es la más usual.

Goodbye!	*¡Adiós!*
Bye! (Bye-bye!)	*¡Adiós!*

See you!	*¡Hasta la próxima!*
See you later!	*¡Hasta luego!*
See you soon!	*¡Hasta pronto!*
See you tomorrow!	*¡Hasta mañana!*

Take care!	*¡Cuídate!*

Have a nice day!
¡Que tengas un buen día!

Till next time
¡Hasta la próxima!

I am not = I'm not

you are not
you aren't = you're not

he is not
he isn't = he's not

she is not
she isn't = she's not

it is not
it isn't = it's not

we are not
we aren't = we're not

you are not
you aren't = you're not

they are not
they aren't = they're not

I'm not Italian. / *No soy italiano.*

You aren't Vincent. / *Tú no eres Vincent.*

He isn't here. / *Él no está aquí.*

She isn't Peggy. / *Ella no es Peggy.*

It isn't a book. / *No es un libro.*

We aren't in Miami. / *No estamos en Miami.*

You aren't tall. / *Vosotros no sois altos.*

They aren't students.
Ellos no son estudiantes.

Talking tips

Por la noche, para despedirnos, también podemos usar «**Good night!**» *(¡Buenas noches!)*, pero sólo como fórmula de despedida, ya que como saludo sería «**Good evening!**» *(¡Buenas noches!)*.

SIGNOS DE EXCLAMACIÓN E INTERROGACIÓN

Hemos de tener en cuenta que, en inglés, sólo se usa un signo de exclamación o interrogación, al final de la frase o expresión:

Hello!

Goodbye!

How are you?

Are you Gerald?

Ejercicios

1.- ¿Cuál es la contracción de…?

a) are not _____

b) is not _____

c) am not _____

2.- Completa con la forma afirmativa correspondiente del verbo «to be».

d) _____ I William?

e) _____ she American?

f) _____ they Peggy and Sue?

g) _____ you a student?

3.- ¿Cómo se dice en inglés…?

h) ¡Hasta luego! _____

i) ¡Hasta mañana! _____

4.- ¿Con qué expresión nos despedimos deseando buenas noches?

_____

_____

15

unidad 3

Para responder de forma corta utilizamos «**Yes**» *(sí)* o «**No**» *(no)*, el **pronombre sujeto** que corresponda y el **auxiliar** (el verbo «to be» en este caso). El auxiliar será afirmativo o negativo, según el caso.

Is she American? **Yes, she is.**
¿Es ella estadounidense? Sí (lo es).

Are you a teacher? **Yes, I am.**
¿Es usted profesor? Sí (lo soy).

Is it a camera? **No, it isn't.**
¿Es una cámara? No (no lo es).

Are they your parents? **No, they aren't.**
¿Son tus padres? No (no lo son).

Are Peter and Bob pilots? **No, they aren't.**
¿Son Peter y Bob pilotos? No (no lo son).

Is Mary your friend? **Yes, she is.**
¿Es Mary tu amiga? Sí (lo es).

RESPUESTAS CORTAS

Cuando se formula una pregunta y ésta comienza con un auxiliar, como lo es el verbo «to be», ésta se puede responder con un «sí» o un «no». Este tipo de preguntas se pueden responder de forma corta o de otra forma algo más extensa.

Are you a student? / *¿Eres estudiante?*	
respuesta corta	**respuesta extensa**
Yes, I am.	Yes, I am a student.
Sí, (lo soy)	*Sí, soy estudiante.*

Is she your mother? / *¿Es ella tu madre?*	
respuesta corta	**respuesta extensa**
No, she isn't.	No, ella no es mi madre.
No, (no lo es).	*No, she isn't my mother.*

Como podemos ver en los ejemplos, en las respuestas cortas el sujeto y el verbo no se pueden contraer nunca. Sólo lo hacen los verbos con la negación «not».

VOCABULARIO:
PAÍSES, NACIONALIDADES E IDIOMAS

En inglés, los países, nacionalidades
e idiomas siempre se escriben
con letra mayúscula.

Countries *(países)*	Nationalities *(nacionalidades)*	Languages *(idiomas)*
The United States	American	English
Canada	Canadian	English/French
Australia	Australian	English
Mexico	Mexican	Spanish
Cuba	Cuban	Spanish
Argentina	Argentinian	Spanish
Brazil	Brazilian	Portuguese
England	English	English
Spain	Spanish	Spanish
Germany	German	German
France	French	French
Italy	Italian	Italian
Japan	Japanese	Japanese
China	Chinese	Chinese

LA PREPOSICIÓN «FROM»

Para indicar **procedencia** usamos
la preposición **«from»** *(de, desde)*:

I'm **from Mexico**. I'm **Mexican**.
Soy de México. Soy mexicano.

He's **from the United States**.
He's **American**.
Él es de EEUU. Es estadounidense.

We're **from Australia**.
We speak **English**.
Somos de Australia. Hablamos inglés.

Are you **from Germany**? Yes, I am.
¿Eres de Alemania? Sí, lo soy.

«From» también aparece al final de
las frases cuando preguntamos por
procedencias:

- Where are you **from**?

- ¿De dónde eres?

- I'm **from** Germany.

- Soy de Alemania.

- Where is Eva **from**?

- ¿De dónde es Eva?

- She's **from** Brazil.

- Es de Brasil.

17

Ejercicios

1.- Responde de forma corta.

a) Is it a book? No, _____

b) Is he Peter? Yes, _____

c) Am I tall? No, _____

d) Are they students? Yes, _____

2.- Sustituye las palabras subrayadas por nacionalidades.

e) I am from Canada. I'm _____
_____

f) She's from Argentina. She's _____
_____

g) Is he from Japan? Is he _____
_____ ?

h) They're from Spain. They're _____
_____

3.- Ordena las palabras para formar una frase.

i) from are where you?
_____

j) aren't John Mexico Linda and from.
_____

18

unidad 4

EL ARTÍCULO INDETERMINADO (A / AN)

a) Se utiliza delante de un nombre contable en singular cuando nos referimos a él por primera vez:

> It is **a** book. / *Es un libro.*
> He is **a** boy. / *Es un muchacho.*

b) También se usa al hablar de profesiones u ocupaciones (cuando el sujeto sea singular). Obsérvese que en español no aparece:

> She is **a** teacher. / *Ella es profesora.*
> I'm **a** student. / *Soy estudiante.*

c) En muchos casos equivale a «one» (*uno*):

> I have **a** car. / *Tengo un auto.*

d) Se utiliza **«a»** delante de palabras que comienzan por consonante (sonido consonántico):

> It is **a** dog. / *Es un perro.*
> I am **a** painter. / *Soy pintor.*

e) Usaremos **«an»** delante de palabras que comiencen por vocal (sonido vocálico) o «h» muda.

> It is **an** egg. / *Es un huevo.*
> He is **an** architect. / *Él es arquitecto.*

VOCABULARIO:
PROFESIONES - Jobs

lawyer: *abogado/a*

architect: *arquitecto/a*

fireman: *bombero*

taxi driver: *taxista*

butcher: *carnicero/a*

baker: *panadero/a*

postman: *cartero*

scientist: *científico/a*

cook: *cocinero/a*

shop assistant: *dependiente/a*

electrician: *electricista*

bank clerk: *empleado/a de banco*

plumber: *fontanero/a*

engineer: *ingeniero/a*

gardener: *jardinero/a*

vet: *veterinario/a*

translator: *traductor/a*

secretary: *secretario/a*

teacher: *profesor/a*

policeman: *policía*

painter: *pintor/a*

pilot: *piloto*

journalist: *periodista*

mechanic: *mecánico*

student: *estudiante*

manager: *gerente*

accountant: *contable*

hairdresser: *peluquero/a*

I'm an **electrician**. / *Soy electricista.*

They aren't **engineers**. / *Ellas no son ingenieras.*

Linda is a **vet**. / *Linda es veterinaria.*

We are **butchers**. / *Somos carniceros.*

You are a **taxi driver**. / *Eres taxista.*

LOS ADJETIVOS POSESIVOS

Estos adjetivos indican posesión y
siempre acompañan a un nombre.

my *mi, mis*

your *tu, tus, su, sus (de usted)*

his *su, sus (de él)*

her *su, sus (de ella)*

its *su, sus (de ello)*

our *nuestro/a/os/as*

your *vuestro/a/os/as su, sus (de ustedes)*

their *su, sus (de ellos/as)*

It is **my** dictionary. / *Es mi diccionario.*

Mary isn't **his** sister.
Mary no es su hermana (de él).

Her name is Susan.
Su nombre (de ella) es Susan.

Is it **our** classroom? / *¿Es nuestra clase?*

Michael is **their** son.
Michael es su hijo (de ellos).

A diferencia del español, los adjetivos posesivos en inglés tienen una forma invariable, bien acompañen a un sustantivo singular o plural.

He is **my** <u>brother</u>.
*Él es **mi** hermano.*

They are **my** <u>brothers</u>.
*Ellos son **mis** hermanos.*

Our <u>book</u> is interesting.
Nuestro libro es interesante.

Our <u>books</u> are interesting.
Nuestros libros son interesantes.

El adjetivo posesivo «**its**» indica pertenencia de algo a una cosa, lugar o animal y hay que tener cuidado de no confundirlo con la contracción «it's (it is)».

The dog is in **its** kennel.
El perro está en su caseta.

Ejercicios

1.- Completar con el artículo indeterminado (a/an), cuando sea necesario.

a) She's artist. _____
b) They are _____ painters.
c) Is it _____ egg?
d) I am teacher. _____

2.- ¿Cómo se denomina en inglés a...?

e) la persona que vende carne:
_____

f) la persona que corta el pelo:
_____

g) la persona que cuida el jardín:
_____

h) la persona que escribe artículos en un periódico:
_____

3.- ¿Qué adjetivos posesivos corresponden a los siguientes pronombres?

i) You _____

j) She _____

unidad 5

ADJETIVOS DEMOSTRATIVOS
(THIS, THAT, THESE, THOSE)

Los adjetivos demostrativos se utilizan para mostrar la distancia entre el hablante y el objeto del que se habla. Suelen aparecer acompañados de un nombre.

Sus formas en singular son:

this: *este, esta, esto*

that: *ese, esa, eso, aquel, aquella, aquello*

Recuerda

En español hay tres grados distintos de proximidad (cerca, media distancia, lejos), pero, como se puede ver, en inglés sólo hay dos: «**this**», que se usa para referirse a objetos <u>cercanos</u> al hablante (está relacionado con «aquí»), y «**that**», que se utiliza para referirse a objetos que se encuentran tanto <u>a cierta distancia</u> como <u>lejos</u> del hablante (está relacionado con «allí»).

Estos adjetivos tienen la misma forma con nombres masculinos o femeninos.

This <u>man</u> is my father.
Este hombre es mi padre.

This <u>woman</u> is my mother.
Esta mujer es mi madre.

That <u>boy</u> is Peter.
Ese/aquel muchacho es Peter.

That <u>girl</u> is tall.
Esa/aquella muchacha es alta.

El demostrativo «**that**» puede contraerse con «**is**»:

That is my car ▸ **That's** my car
Ése/aquél es mi auto.

Las formas en plural son:

these: *estos, estas*

those: *esos, esas, aquellos, aquellas*

These <u>books</u> are interesting.
Estos libros son interesantes.

These <u>women</u> are Spanish.
Estas mujeres son españolas.

Those <u>computers</u> are expensive.
Esas computadoras son caras.

Are **those** <u>girls</u> Linda and Betty?
¿Son esas/aquellas muchachas Linda y Betty?

De igual manera que en singular, vemos que en inglés sólo hay dos grados de proximidad.

Cuando nos refiramos a cercanía o lejanía en el tiempo también se usan estos adjetivos demostrativos:

this week: *esta semana*

that week: *esa/aquella semana*

this year: *este año*

that year: *ese/aquel año*

this summer: *este verano*

that summer: *ese/aquel verano*

these days: *estos días*

those days: *esos/aquellos días*

these months: *estos meses*

those months: *esos/aquellos meses*

VOCABULARIO:
LA FAMILIA – *The family*

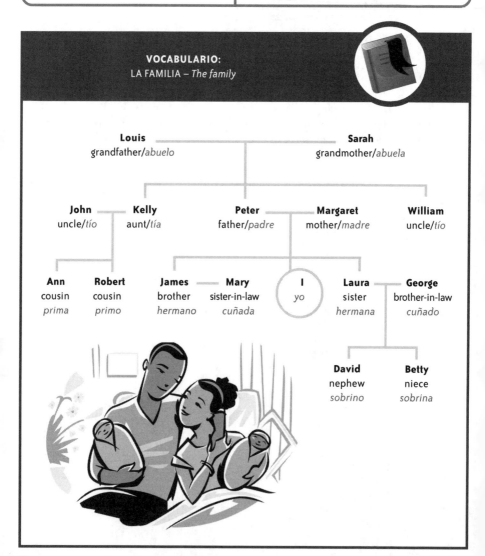

Louis
grandfather/*abuelo*

Sarah
grandmother/*abuela*

John
uncle/*tío*

Kelly
aunt/*tía*

Peter
father/*padre*

Margaret
mother/*madre*

William
uncle/*tío*

Ann
cousin
prima

Robert
cousin
primo

James
brother
hermano

Mary
sister-in-law
cuñada

I
yo

Laura
sister
hermana

George
brother-in-law
cuñado

David
nephew
sobrino

Betty
niece
sobrina

Otros términos relacionados con la familia son:

parents: *padres*

children: *hijos*

son: *hijo*

daughter: *hija*

grandparents: *abuelos*

grandchildren: *nietos*

grandson: *nieto*

granddaughter: *nieta*

husband: *marido, esposo*

wife: *mujer, esposa*

parents-in-law: *suegros*

father-in-law: *suegro*

mother-in-law: *suegra*

son-in-law: *yerno*

daughter-in-law: *nuera*

boyfriend: *novio*

girlfriend: *novia*

Mary is my **sister-in-law**.
Mary es mi cuñada.

Is Sarah your **grandmother**?
Yes, she is.
¿Es Sarah tu abuela? Sí, lo es.

Kelly is my **aunt**.
Her **husband** is John.
Kelly es mi tía. Su marido es John.

My **grandparents** have
five **grandchildren**.
Mis abuelos tienen cinco nietos.

Ejercicios

1.- Subrayar los adjetivos demostrativos adecuados.

a) Si los muchachos están lejos:
These / Those boys are Peter and John.

b) Si el libro está a cierta distancia:
This / That book is interesting.

c) Si el teléfono móvil se encuentra cerca:
That / This cell phone is German.

d) Si los autos están cerca:
Those / These cars are blue.

e) Si el portátil está a cierta distancia:
That / This laptop is expensive.

2.- ¿Cómo se denomina a…..?

f) La hermana de mi madre

g) Los padres de mi padre

h) La hija de mi hermano

i) El marido de mi hermana

j) El hijo de mi tío

23

unidad 6

FORMULAR PREGUNTAS CON PRONOMBRES INTERROGATIVOS

Los pronombres interrogativos son palabras que utilizamos al principio de las preguntas para demandar información acerca de cosas, personas, lugares, momentos, etc.

Estas preguntas no se pueden responder con un «sí» o un «no», por lo que no se pueden usar las respuestas cortas, sino que se necesitan respuestas más elaboradas.

What?	*¿Qué, (cuál/cuáles)?*
Where?	*¿Dónde?*
Who?	*¿Quién? / ¿Quiénes?*
When?	*¿Cuándo?*
How?	*¿Cómo?*

What is her address?
¿Cuál es su dirección?

Where are you from? / *¿De dónde eres?*

Who is she? / *¿Quién es ella?*

When is your birthday?
¿Cuándo es tu cumpleaños?

How are you? / *¿Cómo estás?*

En muchas ocasiones podemos encontrar contracciones con «**is**».

What is = What's
What's your name?
¿Cuál es tu nombre?

Where is = Where's
Where's the car?
¿Dónde está el auto?

What is your name? My name is Bob.
¿Cuál es tu nombre? Me llamo Bob.

Where is Susan? She is in Detroit.
¿Dónde está Susan? Está en Detroit.

Who is Mr. King? He is my father.
¿Quién es el Sr. King? Es mi padre.

When is the match? At five o'clock.
¿Cuándo es el partido? A las cinco.

How are you? I'm fine, thanks.
¿Cómo estás? Estoy bien, gracias.

PREGUNTAR POR INFORMACIÓN PERSONAL

Cuando preguntamos por información personal, en muchos casos hacemos uso de los pronombres interrogativos anteriores.

What is your... / *¿Cuál es tu...*

name? / *nombre?*
address? / *dirección?*
telephone number? / *número de teléfono?*

My/*Mi*

name/*nombre*
address/*dirección*
telephone number/*número de teléfono*

is.../*es...*

What is your job? I'm a teacher.
¿Cuál es tu trabajo? Soy profesor.

Where are you from? I'm from Italy.
¿De dónde eres? Soy de Italia.

How are you? I'm not very well.
¿Cómo estás? No estoy muy bien.

VOCABULARIO: LOS COLORES - *The colors*

red	*rojo*
blue	*azul*
yellow	*amarillo*
green	*verde*
orange	*anaranjado*
brown	*marrón*
black	*negro*
white	*blanco*
gray	*gris*
pink	*rosa*
purple	*morado*
fuchsia	*fucsia*
sky blue	*azul celeste*
navy blue	*azul marino*

What **color** is that door?
¿De qué color es esa puerta?

My umbrella is **blue** and **red**.
Mi paraguas es azul y rojo.

Para expresar la intensidad del color usamos «**light**» *(claro)* y «**dark**» *(oscuro)* junto al **color**.

This car is **light green**.
Este auto es verde claro.

Her cell phone isn't **dark brown**. It's **black**.
Su móvil no es marrón oscuro. Es negro.

Ejercicios

1.- Completa con el pronombre interrogativo correspondiente.

a) _____ are you? I am in my house.

b) _____ is your name?
My name is Rose.

c) _____ is that man? That man is my father.

d) _____ are they from? They're from Brazil.

e) _____ is your mother? She's very well, thank you.

f) _____ is «Independence Day» in the USA? It's on July, 4ᵗʰ.

g) _____ 's that orange box? It's a present for Sarah.

2.- ¿De qué color es......?

h) a banana

_____

i) coffee

_____

j) sugar

_____

EL ARTÍCULO DETERMINADO «THE»

El artículo determinado **«the»** significa *«el, la, los, las»*, es decir, se usa tanto para el masculino y femenino, como para el singular y plural.

the car, **the** cars
el auto, los autos

the house, **the** houses
la casa, las casas

«The» se utiliza:

- Cuando el hablante y el oyente conocen aquello que se trata:
The book is interesting.
El libro es interesante (todos saben qué libro).

- Al referirnos a algo mencionado anteriormente:
These are my children. **The** boy is Tom.
Éstos son mis hijos. El niño es Tom.

- Al hablar de algo único:
He is **the** president. / *Él es el presidente.*

- Con nombres de hoteles, restaurantes, museos, periódicos, teatros, etc.
I work at **the** Royal Hotel
Trabajo en el Hotel Royal

That newspaper is **the** Miami Herald
Ese periódico es el Miami Herald.

Hay que señalar que el artículo «the» se puede ponunciar de dos maneras. De forma general, si precede a una palabra que comienza con un sonido consonántico, se ponuncia /de/, pero si precede a una palabra que comienza con un sonido de vocal, se pronuncia /di/. No hay que olvidar que la «th» del artículo suele pronunciarse como un sonido entre la «d» y la «z».

the boy	/<u>de</u> boi/
the alphabet	/<u>di</u> alfabet/
the table	/<u>de</u> teibol/
the egg	/<u>di</u> eg/

LOS ADVERBIOS «HERE» y «THERE»

«Here» (aquí, acá) y **«there»** (allí, allá, ahí) son dos adverbios de lugar.

«Here» se utiliza cuando indicamos que algo está cerca del hablante, o bien un lugar próximo a él:

Come **here**! / ¡Ven aquí!
I am **here**. / Estoy aquí.

«There» se usa cuando indicamos que algo está retirado o alejado del hablante, o bien un lugar distante de él:

Her sister is **there**.
Su hermana está allí
My cell phone isn't **there**.
Mi teléfono móvil no está allí.

En muchos casos estos adverbios aparecen en otras expresiones:

My house is **right here**.
Mi casa está aquí mismo.

Your father is **over there**.
Tu padre está por allí.

VOCABULARIO:
AGRADECIMIENTOS - *Thanking*

Para dar las gracias por algo, podemos decir:

Thanks / *Gracias*

Thank you / *Gracias*

Thanks a lot / *Muchas gracias*

Thank you very much / *Muchas gracias*

Thank you very much, indeed!

¡Muchísimas gracias!

Y para responder:

You're welcome!* / ¡De nada!

Not / Nothing at all! / ¡De nada!

Don't mention it! / ¡No hay de qué!

(*) Ésta es la expresión más usada de manera coloquial.

Ejercicios

1.- Completa los espacios con los artículos «the» o «a/an».

a) They are European. _____ director is Italian and _____ secretary is French.

b) We are at _____ Metropolitan Hotel.

c) It is _____ Washington Post.

d) He is _____ electrician.

e) There are two animals: _____ dog is Tobby and _____ cat is Flippy.

2.- Rellenar los espacios con «here» o «there».

f) (I'm in Spain). They are in Florida. They live _____

g) We are _____ but they are

h) (I'm in the kitchen). The dictionary? It isn't _____ It is over _____, in the living room.

3.- ¿Cuál es la respuesta más usual cuando nos dan las gracias por algo?

_____

_____

4.- ¿Con qué expresión de una sola palabra podemos dar las gracias?

_____

Soluciones:

1.- a) The, the; **b)** the; **c)** the; **d)** an; **e)** the, the **2.- f)** there; **g)** here, there; **h)** here, there **3.-** You're welcome! **4.-** Thanks.

PREPOSICIONES DE LUGAR («IN», «ON», «AT»)

Las preposiciones «in», «on» y «at» equivalen a *«en»* en español, pero se usan en situaciones diferentes.

IN significa *«en»* o *«dentro»* de un lugar o espacio limitado:

My father's **in** the kitchen.
Mi padre está en la cocina.

They are **in** Canada.
Ellos están en Canadá.

The gift is **in** a box.
El regalo está en una caja.

También:

in a car	*en un auto*
in a shop	*en una tienda*
in a park	*en un parque*
in the water	*en el agua*
in the sea	*en el mar*
in the newspaper	*en el periódico*
in bed	*en la cama*
in the house	*en la casa*

> **ON** significa «*en*» o «*sobre*» una superficie, con la que se tiene contacto.

My glasses are **on** the table.

Mis gafas están en la mesa.

The pictures are **on** the walls.

Los cuadros están en las paredes.

The children are playing **on** the floor.

Los niños están jugando en el suelo.

Recuerda

Ya apreciamos algunas diferencias entre «**in**» y «**on**»:

Tratándose de automóviles usaremos «**in**»(in a car, in a taxi), pero con otros medios de transporte usamos «**on**» (on a bus, on a plane).

También:

on a bus	*en un autobús*
on a train	*en un tren*
on a plane	*en un avión*
on Oak street	*en la calle Oak*
on a chair	*en una silla*
on the first floor	*en el primer piso*

> **AT** significa «*en*» al referirnos a un punto, a un lugar determinado.

Mike is **at** the door.

Mike está en la puerta.

Your cousin is **at** the bus stop.

Tu prima está en la parada del autobús.

I live **at** 24, Benson Street.

Vivo en la calle Benson, número 24.

Y en expresiones

on the radio

en la radio

on television (on TV)

en televisión

on the right / left

a la derecha / izquierda

He is in bed

También:

at the gas station	*en la gasolinera*
at the airport	*en el aeropuerto*
at the traffic light	*en el semáforo*
at home	*en casa*
at work	*en el trabajo*
at school	*en la escuela*
at the meeting	*en la reunión*
at the concert	*en el concierto*

En algunos casos, la diferencia entre «**in**» y «**at**» es que el primero se refiere al «interior de un recinto» y el segundo a la «actividad propia que se realiza en un recinto»:

The accident happened
in the school.
El accidente ocurrió en la escuela.

The children are **at** school.
Los niños están en la escuela.
(Aprendiendo)

Ejercicios

1.- Completar las oraciones con «in», «on» o «at».

a) The pictures are _____ the wall.

b) Is the book _____ the table?

c) Sheila is _____ work.

d) Peter is not very well. He is _____ bed.

e) Are they_____ the car?

f) There is a good program _____ television.

g) Greg is _____ the bus stop.

h) The pilot works _____ a plane.

i) Where are the children? They are _____ school.

j) The computer is _____ a shop, _____ Drafton Street.

1.- a) on; **b)** on; **c)** at; **d)** in; **e)** in; **f)** on; **g)** at; **h)** on; **i)** at; **j)** in, on.

Soluciones:

unidad 9

EL PRESENTE SIMPLE
(Forma afirmativa)

El **presente simple** de los verbos se usa para expresar **acciones habituales o rutinarias**.

En frases afirmativas, se forma con el **infinitivo** del verbo (sin»to»), que es invariable para todas las personas, excepto para la 3ª persona del singular (he, she, it), donde se añade una «**s**». Así:

[To eat: *comer*]

I	**eat**	*yo como*
you	**eat**	*tú comes - usted come*
he	**eats**	*él come*
she	**eats**	*ella come*
it	**eats**	*come*
we	**eat**	*nosotros/as comemos*
you	**eat**	*vosotros/as coméis - ustedes comen*
they	**eat**	*ellos/as comen*

We **eat** a lot of fish.
Nosotros comemos mucho pescado.

She **lives** in New Mexico.
Ella vive en Nuevo México.

I **speak** Spanish. / *Hablo español.*

You **work** from Monday to Friday.
Tú trabajas de lunes a viernes.

The dog **drinks** a lot of water.
El perro bebe mucha agua.

They **study** English.
Ellos estudian inglés.

LA TERCERA PERSONA SINGULAR DEL PRESENTE SIMPLE

Ya hemos visto que la 3ª persona del singular (he, she, it) del presente simple, en frases afirmativas, se forma añadiendo una «**-s**» al **infinitivo** del verbo. Ésta es la regla general, pero hay algunas excepciones:

- Si el infinitivo acaba en **−s, -sh, -ch, -o, -x,** o **−z,** se añade «**-es**».

To **pass** *(aprobar)*:

He **passes** his exams.
Él aprueba sus exámenes.

To **wash** *(lavar)*:

She **washes** her hands.
Ella se lava las manos.

31

To **watch** TV *(ver la TV)*:
He **watches** TV every evening.
Él ve la TV todas las noches.

To **do** *(hacer)*:
She **does** her homework.
Ella hace sus deberes.

To **go** *(ir)*:
My father **goes** to work by car.
Mi padre va a trabajar en auto.

- Si el infinitivo acaba en **«-y»** precedida de vocal, se añade **«-s»**, pero si va precedida de una consonante, la **«y»** se transforma en **«i»** y se añade **«-es»**.

To **play** *(jugar, tocar un instrumento)*:
He **plays** tennis.
Él juega al tenis.

To **cry** *(llorar)*:
The baby **cries** a lot.
El bebé llora mucho.

32

(to) get up / *levantarse*

(to) take a shower / *tomar una ducha*

(to) work / *trabajar*

(to) go to work / *ir a trabajar*

(to) go back home / *volver a casa*

(to) watch television / *ver la televisión*

(to) study / *estudiar*

(to) read the newspaper
leer el periódico

(to) rest, relax / *relajarse*

(to) go to bed / *irse a la cama*

(to) have...

breakfast / *desayunar*

lunch / *comer, almorzar*

dinner - supper / *cenar*

Ejercicios

1.- Conjugar los verbos en tercera persona del singular del presente simple:

a) do _____

b) buy _____

c) take _____

d) study _____

e) push _____

2.- Completar los espacios con el verbo y la forma correspondientes en presente simple.

Verbos: **work, live, go, watch, read.**

f) She _____ to bed late.

g) They _____ the newspaper.

h) We _____ in a bank.

i) My brother _____ television in the evening.

j) I _____ in an apartment.

---

unidad 10

EL PRESENTE SIMPLE
(Forma negativa)

Para expresar frases negativas en presente, se utiliza el auxiliar **«don't»** delante del **infinitivo del verbo** para todas las personas, excepto para la 3ª persona del singular (he, she, it), para la que se usa **«doesn't»**. En este último caso, el infinitivo no añade «s». Tanto **«don't»** como **«doesn't»** equivalen a «*no*» en español.

Sujeto + **don't / doesn't** + infinitivo

I **don't like** wine.

No me gusta el vino.

We **don't study** German.

No estudiamos alemán.

You **don't do** exercise.

Vosotros no hacéis ejercicio.

They **don't work** in Miami.

Ellos no trabajan en Miami.

He **doesn't play** the piano.
Él no toca el piano.

She **doesn't get up** at seven.
Ella no se levanta a las siete.

The machine **doesn't work** properly.
La máquina no funciona correctamente.

Does he **have** a blue car?
¿Tiene él un auto azul?

Does she **like** vegetables?
¿Le gustan las verduras (a ella)?

Does it **rain** in winter?
¿Llueve en invierno?

EL PRESENTE SIMPLE
(Forma interrogativa)

Para formular preguntas en presente, se coloca el auxiliar **«do»** delante del sujeto, o **«does»** si es 3ª persona del singular (he, she, it), y se usa el **verbo en infinitivo**. En este caso, ni «do» ni «does» tienen traducción en español, sino que son la marca de pregunta.

Do		
Does	+ sujeto + **infinitivo**...?	

Do I **have** much money?
¿Tengo mucho dinero?

Do you **understand**? / *¿Comprendes?*

Do we **go** to bed late?
¿Nos vamos a la cama tarde?

Do they **watch** television?
¿Ven ellos la televisión?

Estas preguntas se pueden responder de forma corta:

Do you understand?
Yes, I do.
¿Comprendes? Sí.

Does he have a blue car?
No, he doesn't.
¿Tiene él un auto azul? No.

Las preguntas también pueden comenzar con un pronombre interrogativo:

Where do you **live**?
¿Dónde vives?

What does he **do**?
¿Qué hace él?, ¿A qué se dedica él?

When do they **study**?
¿Cuándo estudian?

¡**Ojo!**: No hay que confundir el auxiliar «**do**» con el verbo «**to do**» (hacer), que no es auxiliar. Por ello, cuando en una frase negativa o interrogativa aparece el verbo «to do», también hemos de hacer uso del auxiliar «do» (o «does»).

I **don't do** exercise.
No hago ejercicio

Do you **do** the shopping?
¿Haces la compra?

When **does** he **do** his homework?
¿Cuándo hace él sus deberes?

VOCABULARIO:
LOS DÍAS DE LA SEMANA
The days of the week

Monday	lunes
Tuesday	martes
Wednesday	miércoles
Thursday	jueves
Friday	viernes
Saturday	sábado
Sunday	domingo
weekend	fin de semana

Hemos de recordar que, en inglés, los días de la semana siempre se escriben en mayúscula, y, cuando nos referimos a ellos, solemos usar la preposición «**on**».

The class is **on Thursday**.
La clase es el jueves.

Ejercicios

1.- Completar los espacios con la forma negativa de los siguientes verbos: speak, play, eat, work.

a) I _____ basketball.

b) My dog _____ chocolate.

c) Sally and Jess _____ Chinese.

d) They _____ on Sunday.

2.- Realizar preguntas para obtener las siguientes respuestas.

e) _____
No, I don't go to work by bus.

f) _____
She lives in Miami.

g) _____
Yes, she lives in Miami.

h) _____
They have a new computer.

3.- Responder de forma corta.

i) Do you like whisky? No, _____

j) Does it rain in London? Yes, _____

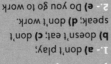

Soluciones:

1.- **a)** don't play; **b)** doesn't eat; **c)** don't speak; **d)** don't work.
2.- **e)** Do you go to work by bus? **f)** Where does she live? **g)** Does she live in Miami?; **h)** What do they have? 3.- **i)** No, I don't. **j)** Yes, it does.

EL VERBO «TO HAVE»

El verbo «**to have**» es uno de los más importantes en inglés. Equivale en español a los verbos «*tener*» y «*haber*». En esta unidad vamos a considerar a **«to have»** como «*tener*».

Su forma afirmativa en presente simple es:

[To have: *tener*]		
I	**have**	yo tengo
you	**have**	tú tienes - usted tiene
he	**has**	él tiene
she	**has**	ella tiene
it	**has**	tiene
we	**have**	nosotros/as tenemos
you	**have**	vosotros/as tenéis ustedes tienen
they	**have**	ellos/as tienen

Podemos ver que el verbo (**have**) es igual para todas las personas, excepto para la tercera del singular (he, she, it), que es «**has**».

I **have** a brother and a sister
Tengo un hermano y una hermana

She **has** an old computer
Ella tiene una computadora antigua

They **have** two houses
Ellos tienen dos casas

Las frases negativas y las preguntas con este verbo se forman de igual manera que con el resto de los verbos no auxiliares.

I **don't have** blue eyes
No tengo los ojos azules

He **doesn't have** a pet / *Él no tiene mascota*

Do you **have** a dictionary?
¿Tienes un diccionario?

What **does** he **have**? / *¿Qué tiene él?*

En algunas situaciones (y fundamentalmente en inglés británico) podemos usar «**to have got**» como sinónimo de «**to have**». En este caso hemos de tener en cuenta que «**to have got**» sí es un verbo auxiliar. Así, comparando ambos verbos:

You **have** a dog = You **have got** a dog
You**'ve got** a dog

He **has** a dog = He **has got** a dog
He**'s got** a dog

You **don't have** a dog = You **haven't got** a dog

He **doesn't have** a dog = He **hasn't got** a dog

Do you **have** a dog? Yes, I **do** = **Have** you **got** a dog? Yes, I **have**

Al hablar sobre el pelo podemos usar algunos de los siguientes adjetivos:

COLOR:
black *(negro)*
dark *(oscuro)*
brown *(castaño)*
blond / fair *(rubio)*
red *(pelirrojo)*

FORMA:
straight *(liso, lacio)*
curly *(rizado)*
wavy *(ondulado)*

TAMAÑO:
long *(largo)*
short *(corto)*

Si hablamos de los ojos,
éstos pueden ser:

COLOR:
brown *(marrones)*
blue *(azules)*
green *(verdes)*
black *(negros)*

TAMAÑO:
big *(grandes)*
small *(pequeños)*

Cuando usemos varios de estos
adjetivos en una frase, el orden
de dichos adjetivos será
«**tamaño – forma – color**»:

She has **long, curly, blond** hair
*Ella tiene el pelo largo,
rizado y rubio.*

I have **small, brown** eyes
*Tengo los ojos pequeños
y marrones.*

Ejercicios

1.- Corregir las frases que lo precisen
(sin dejar de ser afirmativas, negativas o
interrogativas).

a) I doesn't have long hair.

_____

b) He doesn't has a small nose.

_____

c) We don't have big, brown eyes.

_____

d) Does she has straight red hair?

_____

e) They have big ears and a small mouth.

_____

2.- Ordenar las letras para formar
palabras relativas a las partes de la cara.

f) H T E T E _____

g) E D F A H E R O _____

h) T M U H O _____

i) B W E E R Y O _____

j) N I H C _____

38

EL CASO GENITIVO

Hay diversas maneras de expresar posesión en inglés. Una de ellas es usando los adjetivos posesivos (ver unidad 4):

My brother is Tom / *Mi hermano es Tom.*

That is **your** boyfriend / *Ése es tu novio.*

A continuación vamos a tratar el **caso genitivo**, que es otra manera de expresar posesión. Se utiliza cuando en la frase aparecen tanto el poseedor (que ha de ser una persona o, a veces, un animal), como aquello que se posee.

El orden habitual en español es: en primer lugar, la posesión, y después la preposición «de», que introduce al poseedor. En inglés se forma al revés: primero aparece el poseedor, a éste se le añade un apóstrofe y una «s» y después, aquello que se posee.

El libro de John

John's book

a) Si la posesión va precedida de un artículo determinado (el, la, los, las), éste desaparece en inglés.

El perro de Mike
Mike's dog.

La casa de Susan es grande
Susan's house is big.

Linda's book is interesting
El libro de Linda es interesante

She doesn't like **Peter's work**
A ella no le gusta el trabajo de Peter

My brother's name is James
El nombre de mi hermano es James

Her father's sister is her aunt
La hermana de su padre es su tía

b) Cuando el poseedor acaba en «s» por ser un nombre plural, sólo se agrega el apóstrofe:

Your parents' house is very nice
La casa de tus padres es muy bonita.

This is **his friends' classroom**
Esta es la clase de sus amigos

c) Cuando el nombre propio del poseedor termina en «s», se le puede añadir apóstrofe y «s» o sólo el apóstrofe, pero la pronunciación varía.

Dennis**'s** dog (se pronuncia *dénisiz*)
Dennis**'** dog (se pronuncia *dénis*)

d) El caso genitivo también se utiliza cuando«el poseedor» es un adverbio de tiempo:

Today's newspaper
El periódico de hoy

VOCABULARIO: LOS NÚMEROS 0 AL 10 / *Numbers 0-10*

0	zero*
1	one
2	two
3	three
4	four
5	five
6	six
7	seven
8	eight
9	nine
10	ten

* «Zero» se pronuncia «/zírou/», con «s» silbante.

I have **three** brothers and **two** sisters
Tengo tres hermanos y dos hermanas

The temperature is **zero** degrees Celsius
La temperatura es cero grados Celsius

Paul's dog is **seven** years old
El perro de Paul tiene siete años

Cuando nos referimos a una cifra aproximada, hacemos uso del adverbio **«about»** (*aproximadamente, más o menos*).

The dog is **about** <u>five</u> years old.
El perro tiene aproximadamente cinco años.

There are **about** <u>ten</u> students in the classroom.
Hay aproximadamente diez estudiantes en el aula.

Ejercicios

1.- Unir las dos frases en una, usando el caso genitivo. Ex: Peter has a sister. She is tall. ▶ Peter's sister is tall.

a) Barbara has some friends.
They are English. _____

b) My parents have a car.
It is red. _____

c) Your neighbor has a name.
It is Robert. _____

d) Nadia has a cat.
It is two months old. _____

e) Today is the match.
It is interesting. _____

2.- Completar las casillas con los números en letra y aparecerá otro número en vertical (j).

		j)
f)	4	_ _ _ _
g)	9	_ _ _ _
h)	7	_ _ _ _
i)	8	_ _ _ _

Soluciones:

1.- a) Barbara's friends are English;
b) My parents' car is red;
c) Your neighbor's name is Robert; **d)** Nadia's cat is two months old;
e) Today's match is interesting.
2.- f) 4 - FOUR, **g)** 9 - NINE, **h)** 7 - SEVEN, **i)** 8 - EIGHT, **j)** FIVE

LOS ADVERBIOS DE FRECUENCIA

Estos adverbios nos indican la frecuencia con la que tiene lugar una acción. Entre ellos están:

always	*siempre*
generally	*generalmente*
usually	*normalmente*
sometimes	*a veces*
rarely	*pocas veces*
hardly ever	*casi nunca*
never	*nunca*

Se colocan detrás del verbo «to be» (u otro auxiliar), si éste aparece en la frase, o delante del verbo, si éste es otro.

I <u>am</u> **usually** at home
Normalmente estoy en casa.

You **rarely** <u>wash</u> your car
Lavas tu auto pocas veces.

He <u>is</u> **never** late
Él nunca llega tarde.

Does she **always** <u>buy</u> the newspaper?
¿Ella siempre compra el periódico?

They **sometimes** <u>watch</u> the news on TV
Ellos a veces ven las noticias en TV

Algunos de estos adverbios también pueden aparecer colocados al principio o al final de la frase.

I **sometimes** go to the gym
=
Sometimes I go to the gym
A veces voy al gimnasio.

Con el interrogativo «**How often?**» preguntamos por la frecuencia con la que tiene lugar una acción.

- **How often** do you read the newspaper?
¿Con qué frecuencia lees el periódico?

- I <u>usually</u> read the newspaper
Normalmente leo el periódico

- **How often** does she get up early?
¿Con qué frecuencia se levanta ella temprano?

- She <u>never</u> gets up early
Ella nunca se levanta temprano.

VOCABULARIO:
PRESENTACIONES - *Introducing people*

- Para presentarse uno a sí mismo se pueden utilizar distintas expresiones:

Hello, **I'm** Bob. (informal)
Hola, soy Bob

My name is Bob. (formal)
Mi nombre es Bob

- Para presentar a otra persona se puede decir:

Peter, **this is** Susan. (informal)
Peter, ella es Susan

Let me introduce you to Susan. (formal)
Permítame presentarle a Susan

I'd like to introduce you to Susan. (formal)
Me gustaría presentarle a Susan

- Al saludarse las personas que se han presentado, suelen decir:

(It's) **nice to meet you.** (informal)
Mucho gusto / Encantado de conocerte

(I'm) **pleased / glad to meet you.** (informal)
Mucho gusto / Encantado de conocerte

How do you do?* (formal)
Es un placer conocerle

*Esta pregunta se responde formulando la misma pregunta.

Ejercicios

1.- Colocar el adverbio de frecuencia donde corresponda.

a) He _____ plays football _____ (never)
b) I _____ go _____ to the movies. (often)
c) They _____ are _____ at home. (always)
d) We _____ watch _____ the news. (sometimes)
e) She _____ is _____ at school in the morning. (usually)

2.- ¿Con qué expresión se pregunta por la frecuencia con que se realiza una acción?

_____

3.- ¿Qué expresión informal o coloquial se usa para presentar a alguien a una tercera persona?

_____

4.- Ordenar las palabras para formar frases:

f) do to theater how go you the often ?

_____

g) you meet pleased to.

_____

h) play they the never piano.

_____

Soluciones:

1.- a) He never plays football; **b)** I often go to the movies; **c)** They are always at home; **d)** We sometimes watch the news; **e)** She is usually at school in the morning. **2.-** How often? **3.-** .... this is .... (James, this is William!) **4.- f)** How often do you go to the theater?; **g)** Pleased to meet you; **h)** They never play the piano.

43

unidad 14

LOS ADJETIVOS (Calificativos)

Los adjetivos se usan para describir personas, animales, cosas, lugares, circunstancias, etc., indicando características de los mismos. Así, pueden indicar color, tamaño, procedencia, peso, aspecto, etc.

She is **tall** / *Ella es alta*

That girl is very **intelligent**
Esa muchacha es muy inteligente

Los adjetivos no tienen marca de género ni número, es decir, son invariables para el masculino, femenino, singular y plural.

This car is **expensive**
*Este auto es **caro**.*

These cars are **expensive**
*Estos autos son **caros**.*

This house is **expensive**
*Esta casa es **cara**.*

These houses are **expensive**
*Estas casas son **caras**.*

Cuando los adjetivos acompañan a un nombre, se colocan delante de él.

It's a **difficult** <u>exercise</u>
Es un ejercicio difícil

They are **good** <u>students</u>
Ellos/as son buenos/as estudiantes

That **slim** <u>boy</u> is my brother
Ese muchacho delgado es mi hermano

LOS ADVERBIOS DE INTENSIDAD
(Very, quite, pretty)

Los adverbios «**very**» *(muy)*, «**pretty**» *(muy)* y «**quite**» *(bastante)* se colocan delante de adjetivos o de otros adverbios para reforzar su significado.

She cooks **very** <u>well</u> / *Ella cocina muy bien*

The exam is **pretty** <u>difficult</u>
El examen es muy difícil

That movie is **quite** <u>interesting</u>
Esa película es bastante interesante

Isn't she **pretty** <u>funny</u>?
¿No es ella muy divertida?

VOCABULARIO:
ADJETIVOS RELATIVOS A LA PERSONALIDAD Y AL ASPECTO FÍSICO

Personalidad		Aspecto físico	
shy	*tímido*	**young**	*joven*
extroverted	*extrovertido*	**old**	*viejo*
quiet	*callado, tranquilo*	**strong**	*fuerte*
talkative	*hablador*	**weak**	*débil*
nice	*simpático, agradable*	**tall**	*alto*
		short	*bajo*
		thin, slim	*delgado*
		fat, overweight	*gordo*
		handsome	*guapo (hombre)*

funny	*divertido*		
intelligent	*inteligente*		
cheerful	*alegre*	**pretty**	*guapa (mujer)*
absent-minded	*distraído*	**ugly**	*feo*

They are very **talkative**
Ellos son muy habladores.

We are **tall** and **thin**
Somos altas y delgadas.

William is very **funny**
William es muy divertido.

Brenda is **pretty** but
she isn't **extroverted**
Brenda es guapa pero no es extrovertida.

DESCRIBIR A ALGUIEN

Para describir a una persona se usan los verbos «**to be like**» y «**to look like**». Estos dos verbos significan *«parecerse a / ser (como)»*, pero «**to be like**» se refiere a la personalidad o al carácter, mientras que «**to look like**» se refiere al parecido físico. Así, para pedir descripciones se usan estas dos preguntas:

What is Maggie **like?**
¿Cómo es Maggie (de carácter)?

She is <u>shy</u> and <u>quiet</u>
Ella es tímida y callada.

What does Maggie **look like?**
¿Cómo es Maggie (físicamente)?

She is <u>tall</u>, <u>thin</u> and very <u>pretty</u>
Ella es alta, delgada y muy guapa.

Ejercicios

1.- Corregir los errores en las siguientes frases.

a) They have two blues cars and a red motorbike.

b) The girl cheerful is Susan and the girl shy is Laura.

c) They are shorts but their brother is tall.

d) She is pretty but her cousins are very uglies.

e) The exercices are very difficults.

2.- ¿Qué adjetivo es el opuesto a .....?

f) shy _____

g) tall _____

h) talkative _____

3.- ¿Cómo se pregunta por una descripción física de Michael?

_____

4.- ¿Cómo se pregunta por una descripción de la personalidad de Peter?

_____

Soluciones:

1.- a) They have two blue cars and a red motorbike; **b)** The cheerful girl is Susan and the shy girl is Laura; **c)** They are short but their brother is tall; **d)** She is pretty but her cousins are very ugly; **e)** The exercices are very difficult. **2.- f)** extroverted; **g)** short; very difficult. **2.- f)** extroverted; **g)** short; **h)** quiet **3.-** What does Michael look like? **4.-** What is Peter like?

unidad 15

1 LAS PREPOSICIONES DE TIEMPO («IN», «ON», «AT»)
2 LOS NÚMEROS 11 AL 99 – Numbers 11-99
3 PREGUNTAR Y RESPONDER ACERCA DE LA EDAD
4 EJERCICIOS

LAS PREPOSICIONES DE TIEMPO
(In, on, at)

«In», «on» y «at» son preposiciones muy usadas en expresiones de tiempo.

IN se usa:

- Con meses, estaciones y años:

The exam is **in** April / *El examen es en abril.*

It's hot **in** summer / *Hace calor en verano.*

He was born **in** 1975 / *Él nació en 1975.*

- Con partes del día:

in the morning	*por la mañana*
in the afternoon	*por la tarde*
in the evening	*por la tarde/noche*
pero: **at** night	*por la noche*

They get up early **in** the morning
Ellos se levantan temprano por la mañana.

- Para expresar
«dentro de + período de tiempo»:

They will be here **in** two hours
Estarán aquí dentro de dos horas

ON se usa:

I go to the gym **on** Wednesdays
Voy al gimnasio los miércoles

My birthday is **on** March, 12th
Mi cumpleaños es el 12 de marzo

- Si nos referimos a un día y a una parte de ese día, se usa «on», pero desaparece «in the» delante de la parte del día:

I usually go out **on** Saturday evenings.
Normalmente salgo los sábados por la noche.

- En expresiones como «**on** the weekend / **on** weekends» *(el fin de semana/los fines de semana)*

I never work **on** weekends
Nunca trabajo los fines de semana

AT se usa:

- Al hablar de horas:

I start work **at** 8:00
Empiezo a trabajar a las 8:00

They have lunch **at** noon
Ellos almuerzan al mediodía

- Con ciertos períodos de tiempo:

at Christmas	*en Navidad*
at Easter	*en Semana Santa*

I usually visit my family **at** Christmas
Normalmente visito a mi familia en Navidad

VOCABULARIO:
LOS NÚMEROS 11 a 99 / *Numbers 11-99*

11 eleven	**21** twenty-one
12 twelve	**22** twenty-two
13 thirteen	**30** thirty
14 fourteen	**40** forty
15 fifteen	**50** fifty
16 sixteen	**60** sixty
17 seventeen	**70** seventy
18 eighteen	**80** eighty
19 nineteen	**90** ninety
20 twenty	**99** ninety-nine

A partir del número 21,
entre las decenas y las unidades
siempre aparece un guión.

PREGUNTAR Y RESPONDER ACERCA DE LA EDAD

Para preguntar la edad de
alguien usamos «**How old?**»
(*¿qué edad?*) y el **verbo «to be»**:

How old <u>**are**</u> **you?**
¿Qué edad tienes?

How old <u>**is**</u> **your mother?**
¿Qué edad tiene tu madre?

Para responder:

I <u>**am**</u> **twenty-seven (years old)**
Tengo 27 años

My mother <u>**is**</u> **fifty-nine (years old)**
Mi madre tiene 59 años

Ejercicios

1.- Completar con «in», «on» y «at» donde sea necesario.

a) The exam is _____ 9 o'clock _____ the morning.

b) She never works _____ weekends.

c) My grandmother was born _____ 1912.

d) I go out with my friends _____ Sunday _____ evenings.

e) They are on vacation _____ Easter.

2.- ¿Cómo le preguntas a Leo qué edad tiene Lucy?

_____

3.- Relacionar:

g)	40	seventeen
h)	14	forty
i)	71	seventy-one
j)	17	fourteen

Soluciones:

1- a) at, in; **b)** on; **c)** in; **d)** on, -; **e)** at. **2-** Leo, how old is Lucy? **3- g)** 40-forty; **h)** 14-fourteen; **i)** 71-seventy-one; **j)** 17-seventeen.

---

unidad 16

contenido

1 PREGUNTAR Y RESPONDER ACERCA DE LA HORA
2 EJERCICIOS

PREGUNTAR Y RESPONDER ACERCA DE LA HORA

Para preguntar la hora decimos:

What time is it?
What's the time?
} *¿Qué hora es?*

Y para responder a esta pregunta, podemos decir:

It's twenty after two
(Son las dos y veinte).

Como vemos en el ejemplo, primero expresamos los minutos y luego las horas. Entre los minutos y las horas usaremos **«after»**, si el minutero está entre las 12 y las 6, o **«to»**, si el minutero está entre las 6 y las 12, es decir, **«after»** corresponde a «y» y **«to»** corresponde a *«menos»*.

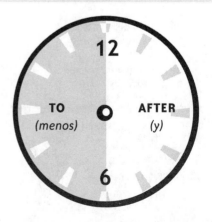

La forma completa es:
It's + minutos + **after / to** + hora

01:10	It's ten **after** one
	Es la una y diez.
03:55	It's five **to** four
	Son las cuatro menos cinco.

Para marcar las horas en punto:
It's + hora + **o'clock**

02:00	It's two **o'clock**
	Son las dos en punto
09:00	It's nine **o'clock**
	Son las nueve en punto

Para marcar las horas y media:
It's + **half past** + hora

11:30	It's **half past** eleven
	Son las once y media
04:30	It's **half past** four
	Son las cuatro y media

Para marcar los cuartos:
It's + **a quarter** + **after / to** + hora

08:15	It's **a quarter after** eight
	Son las ocho y cuarto
02:45	It's **a quarter to** three
	Son las tres menos cuarto

Al decir la hora de esta manera, usaremos «am» (/ei em/) desde las 12 de la noche hasta las 12 del mediodía y «pm» (/pi em/) desde las 12 del mediodía hasta las 12 de la noche, para evitar ambigüedades.

It's twenty-five to five **am**
Son las 5 menos 25 de la mañana

It's twenty-five to five **pm**
Son las 5 menos 25 de la tarde

En algunos países de lengua inglesa se utiliza «past» en lugar de «after»:

07:20	It's twenty **past** seven
	Son las siete y veinte

Pero las horas también pueden decirse como aparecen en relojes digitales, o sea, diciendo la hora y luego los minutos, sin que aparezca nada entre ambos.

02:15	It's two fifteen
	Son las dos quince.
06:55	It's six fifty-five
	Son las seis cincuenta y cinco.
09:30	It's nine thirty
	Son las nueve treinta.

Cuando queramos expresar exactitud en una hora, usaremos **«sharp»**:

The office opens at nine o'clock **sharp**.
La oficina abre exactamente a las nueve.

De esta manera podemos preguntar y decir la hora, así como la hora en que tiene lugar algún evento o acción. En este caso, aparece la preposición **«at»** *(a las)*.

What time is it? It's twenty-five to six.

¿Qué hora es? Son las seis

menos veinticinco

What time is the concert?

It's **at** nine o'clock.

¿A qué hora es el concierto?

Es a las nueve en punto.

What time do you get up?

I get up **at** seven thirty.

¿A qué hora te levantas?

Me levanto a las siete y media.

The lesson is **at** a quarter after four.

La clase es a las cuatro y cuarto.

Ejercicios

1.- Marcar la hora en el reloj.

 a) It's a quarter to six.

 b) It's twenty after twelve.

 c) It's half past two.

 d) It's five to eleven.

 e) It's eight o'clock.

 f) It's seven fifteen

 g) It's ten forty

2.- Completa con la palabra correcta

h) 11:35. It's twenty-five _____ twelve.

i) 09:05. It's five____ nine.

j) 05:30. It's half ____ five.

EL PLURAL DE LOS SUSTANTIVOS

El plural de los nombres contables puede formarse de distintas maneras:

a) Como regla general, el plural del sustantivo se forma añadiendo una «**s**» al sustantivo en singular.

house – house**s**

casa - casas

car – car**s**

auto – autos

b) Los nombres acabados en **s, sh, ch, x** y **z**, forman el plural añadiendo «**es**»:

bus – bus**es**

autobús – autobuses

dish – dish**es**

plato – platos

match – match**es**

cerilla – cerillas

fox – fox**es**

zorro – zorros

buzz – buzz**es**

zumbido – zumbidos

c) Los nombres que acaban en «**y**» forman el plural de la siguiente manera:

- Si la «**y**» va precedida de una consonante, se convierte en «**i**» y se añade «**es**»:

party – part**ies**

fiesta - fiestas

city – cit**ies**

ciudad – ciudades

- Si la «**y**» va precedida de una vocal, sólo se le añade «**s**»:

day – day**s**

día – días

boy – boy**s**

chico – chicos

d) Si el nombre acaba en «**f**» o «**fe**», en el plural estas letras cambian a «**ves**»:

leaf – lea**ves**

hoja – hojas

knife – kni**ves**

cuchillo – cuchillos

calf – cal**ves**

pantorrilla - pantorrillas

e) Cuando el nombre acaba en «**o**», la regla general es añadir «**es**» en plural:

hero – hero**es**
héroe – héroes
potato – potato**es**
patata – patatas

Pero algunas palabras no siguen esta norma:

photo – photo**s**
foto – fotos
piano – piano**s**
piano - pianos

f) Hay otros sustantivos que forman el plural de manera irregular:

man – **men**
hombre – hombres
woman – **women**
mujer – mujeres
child – **children**
niño – niños
foot – **feet**
pie – pies
tooth – **teeth**
diente – dientes
mouse – **mice**
ratón – ratones
sheep – **sheep**
oveja – ovejas
fish – **fish**
pez – peces (pescado – pescados)

Hay que prestar atención a la palabra «**people**». Aunque a veces pueda significar «gente», que es un sustantivo incontable en español, en inglés es el plural de «**person**» y, por lo tanto, contable.

a person
una persona
two **people** / two persons
dos personas

g) Algunos sustantivos solo tienen forma plural y, para singularizarlos, se usa la expresión «**a pair of**» delante de ellos.

scissors
tijeras
a pair of scissors
una tijera

jeans
pantalones tejanos
a pair of jeans
un pantalón tejano

VOCABULARIO:
SALUDOS II – Greetings

En las unidades 1 y 2 aparecen distintas fórmulas de saludos y despedidas, que ampliamos con las siguientes.

Al saludarse:

How is it going?
¿Cómo va todo?, ¿Qué tal?

Are you all right?
¿Todo bien?

What's new (with you)?
¿Qué hay de nuevo?

It's nice to see you again
Me alegro de verte otra vez

Y podemos responder:

(I'm doing) well, thanks.
Bien, gracias.

(It's going) ok, thank you.
Bien, gracias.

Not too bad.
No estoy mal

Great! Thank you.
¡Fenomenal! Gracias.

Para despedirse, se pueden utilizar:

Have a nice day!
¡Que tengas un buen día!

Have a nice weekend!
¡Que pases un buen fin de semana!

Till next time!
¡Hasta la próxima!

Ejercicios

1.- ¿Cuál es el plural de los siguientes sustantivos?

a) beach _____

b) foot _____

c) dress _____

d) girl _____

e) box _____

f) knife _____

2.- ¿Cómo desea un buen día a modo de despedida?

_____

3.- Ordenar las siguientes palabras para formar dos frases de un diálogo.

g) going how it is ?

_____

h) you fine thank

_____

Soluciones:
1.- a) beaches; **b)** feet; **c)** dresses; **d)** girls; **e)** boxes; **f)** knives. **2.-** Have a nice day! **3.- g)** How is it going?; **h)** Fine, thank you.

54

unidad 18

LA FORMA IMPERSONAL «HAY»

La expresión impersonal **«hay»** equivale a las formas **«there is»** y **«there are»**.

- **«There is»** se utiliza con **nombres incontables o nombres contables en singular** y se puede contraer en **«there's»**:

There's some milk in the glass
Hay leche en el vaso.

There is a church on Galven Street
Hay una iglesia en la calle Galven.

- **«There are»** se usa con **nombres contables en plural** y no se puede contraer:

There are two shops near my house
Hay dos tiendas cerca de mi casa.

- En negaciones se usan **«there isn't (there is not)»** y **«there aren't (there are not)»**:

There isn't a bank there
No hay un banco allí

There aren't three hotels in the city
No hay tres hoteles en la ciudad.

- Para realizar preguntas se invierte el orden:
Is there...?, Are there ...?

Is there a post office near here?
¿Hay una oficina de correos cerca de aquí?

Are there any music stores?
¿Hay tiendas de música?

- Las preguntas anteriores se pueden responder afirmativa y negativamente, de forma corta:

Is there a post office near here?
Yes, there is.
¿Hay una oficina de correos cerca de aquí? Sí, la hay.

Are there any music stores?
No, there aren't.
¿Hay tiendas de música? No, no hay.

VOCABULARIO:
EXPRESIONES ÚTILES - *Useful expressions*

- Cuando se solicita alguna cosa, se suele acompañar de «**please**» (*por favor*).

   Ex: Show me your card, **please**
   Muéstreme su tarjeta, por favor.

- Si no se entiende algo que nos dicen, podemos utilizar «**Excuse me?**» (*¿Cómo?*), «**Pardon?**» (*¿Perdón?*), o simplemente, «**What?**» (*¿Qué?*) y así pedimos que nos lo repitan.

- Para pedir disculpas por algo: «**Sorry**» o «**I'm sorry**» (*Lo siento / perdón / disculpe*).

Para referirse a la frecuencia en un período de tiempo determinado, se usan las expresiones anteriores, acompañadas del artículo «a» y el período de tiempo.

EXPRESIONES DE FRECUENCIA

En la unidad 13 se tratan los adverbios de frecuencia, pero otra forma de expresar la cantidad de veces que tiene lugar una acción es usando:

once / *una vez*

twice / *dos veces*

three times / *tres veces*

A partir de «three times», siempre se usa el número y la palabra «times» (*veces*).

once / *una vez*

twice / *dos veces*

five times / *cinco veces*

a
al / a la

day / *día*

week / *la semana*

month / *mes*

year... / *año...*

He washes his teeth **three times a day**
Él se lava los dientes tres veces al día.

I go to the gym **twice a week**
Voy al gimnasio dos veces a la semana.

Ejercicios

1.- Completar las frases con «there is» o «there are» de forma afirmativa (+), negativa (-) o interrogativa (?).

a) _____ a bank in this village?

b) _____ any people. (-)

c) _____ a table in the kitchen. (+)

d) _____ any books on the shelf?

e) _____ any water. (-)

f) _____ three pictures on the wall (+)

2.- ¿Cómo se dice en inglés...?

g) Una vez al año

_____

h) Cinco veces a la semana

_____

i) Dos veces al día

_____

3.- ¿Qué tres formas conocemos para pedir que nos repitan una información?

_____

_____

_____

unidad 19 contenido

EL PRONOMBRE INTERROGATIVO «WHICH»

«**Which**» es un pronombre interrogativo con un significado similar a «**what**», es decir, equivale a «*qué*» o «*cuál, cuáles*», pero difieren en que «**what**» se usa en la pregunta cuando existen muchas posibles respuestas, mientras que «**which**» se utiliza cuando el número de respuestas está bastante limitado.

What's your name?
¿Cuál es tu nombre?
(Hay muchas posibles respuestas)

Which is your name,
Sarah or Sandra?
¿Cuál es tu nombre,
Sarah o Sandra?

Which is your bedroom?
¿Cuál es tu dormitorio? (Sólo hay dos).

57

Estas expresiones se utilizan para describir la localización de un objeto.

Entre ellas están:

near	cerca de
far (from)	lejos (de)
next to	junto a
beside	al lado de
behind	detrás de
in front of	delante de
between	entre (dos)
among	entre (más de dos)
across from	enfrente de
under	debajo de
above, over	(por) encima de

Her house is **near** the school
Su casa está cerca de la escuela.

I live **far from** you
Yo vivo lejos de ti.

The shop is **next to** the bank
La tienda está junto al banco.

The glass is **beside** the bottle
El vaso está al lado de la botella.

The dog is **behind** the door
El perro está detrás de la puerta.

Peter's car is **in front of** his house
El auto de Peter está delante de su casa.

The bedroom is **between** the kitchen and the bathroom.
El dormitorio está entre la cocina y el cuarto de baño.

Dorothy is **among** those people
Dorothy está entre esas personas.

There's a gym **across from** the supermarket
Hay un gimnasio en frente del supermercado.

The ball is **under** the table
La pelota está debajo de la mesa.

There's a plane **over** the city
Hay un avión sobre la ciudad.

VOCABULARIO:
LA CASA – *The house*

house	*casa*
home	*casa, hogar*
apartment	*apartamento, piso*
apartment house	*bloque de pisos*

Rooms	*Habitaciones*
living-room	*sala de estar*
dining-room	*comedor*
bedroom	*dormitorio*
kitchen	*cocina*
study	*despacho*
bathroom	*cuarto de baño*
laundry room	*lavadero*
hallway	*pasillo*

He lives in an **apartment house**.
His **apartment** is big. It has four **bedrooms**,
two **bathrooms**, a **living-room**,
a **dining-room**, a huge **kitchen**,
a **laundry room** and a very long **hallway**.

*Él vive en un bloque de pisos. Su piso
es grande. Tiene cuatro dormitorios,
dos cuartos de baño, un salón, un
comedor, una cocina enorme,
un lavadero y un pasillo muy largo.*

Ejercicios

1.- Rellenar los espacios con «what» o «which».

a) _____ restaurant do you prefer?

b) _____ restaurant do you prefer, Pepe's or Arena?

c) _____ sport do you play?

2.- Elegir la preposición adecuada.

d) London is _____ San Francisco.
(near, far from, next to)

e) The dining-room is _____ the kitchen.
(across from, between, among)

f) Is there a bridge _____ the river?
(under, behind, over)

g) Susan is _____ John and George.
(among, between, above)

h) The wall is _____ the picture.
(in front of, far from, behind)

3.- ¿En qué habitación podemos tomar una ducha?
   In the _____

4.- ¿En qué habitación cocinamos?
   In the _____

Soluciones:
**1.- a) What; b) Which;
c) What. 2.- d) far
from; e) across from;
f) over; g) between;
h) behind. 3.- bathroom. 4.- kitchen.**

59

unidad 20

NOMBRES CONTABLES E INCONTABLES

- Los nombres contables son aquellos que se pueden contar (pueden llevar delante un número) y, por lo tanto, tienen plural.

a **book**	un libro
six **houses**	seis casas
four **flowers**	cuatro flores
three **oranges**	tres naranjas
two **cities**	dos ciudades
eleven **people**	once personas

- Los nombres incontables son aquellos que no se pueden contar, por lo que no tienen forma plural. Entre ellos están los nombres de líquidos, gases, materiales y sustancias en general, nombres abstractos, cualidades, etc.

rice	arroz
water	agua
air	aire
bread	pan
sugar	azúcar
money	dinero
love	amor
oil	aceite, petróleo

Los nombres incontables hacen conjugar al verbo en 3ª persona de singular (como *he, she* o *it*):

Olive oil **is** expensive but healthy.
El aceite de oliva es caro pero saludable.

There **is** some sugar on the table
Hay azúcar en la mesa.

Algunos se pueden contabilizar por medio de otras expresiones:

water – **two glasses of** water
agua – dos vasos de agua

shampoo – **a bottle of** shampoo
champú – una botella de champú

USO DE «SOME» Y «ANY»

«**Some**» y «**any**» son adverbios que nos indican la cantidad de alguna cosa.

SOME se utiliza en frases afirmativas.

- Con nombres incontables indica «*algo*»:

There is **some** water in the glass
Hay (algo de) agua en el vaso.

- Delante de nombres contables equivale a «*algunos/as*»:

There are **some** eggs in the fridge
Hay (algunos) huevos en la nevera.

- En frases negativas:

- Delante de nombres incontables equivale a «*nada*»:

There isn't **any** sugar for the cake
No hay (nada de) azúcar para el pastel

- Ante sustantivos contables significa «*ningún/a*»:

There aren't **any** pencils in the shop
No hay lápices (ningún lápiz) en la tienda.

Hay que tener en cuenta que, aunque en español no aparezcan, en inglés sí que hay que usar **some** o **any** en los casos citados.

- En preguntas:

- Delante de nombres incontables equivale a «*algo*»:

Is there **any** money in that piggy bank?
¿Hay (algo de) dinero en esa hucha?

- Ante sustantivos contables significa «*algunos/as*»:

Are there **any** pictures on the walls?
¿Hay (algunos) cuadros en las paredes?

Particularidades:

«Some» también puede aparecer en preguntas, pero únicamente cuando se pide o se ofrece algo y se espera una respuesta afirmativa:

Can I have **some** salt for the steak, please?
¿Me puede dar sal para el filete, por favor?

Would you like **some** wine?
¿Quiere vino?

«Any» también puede ser usado en oraciones afirmativas, pero en este caso, equivale a «*cualquier/a*».

Any person can speak English.
Cualquier persona puede hablar inglés.

Ejercicios

1.- Completar los espacios con «some» o «any».

a) There are _____ letters for you.

b) Is there _____ milk in the bottle?

c) I live near _____ shops.

d) She doesn't have _____ potatoes.

e) Are there _____ books on the shelf?

f) I speak _____ languages.

2.- ¿Son estos nombres contables o incontables?

g) bedroom _____

h) air _____

i) problem _____

j) beer _____

1.- **a)** some; **b)** any;
c) some; **d)** any; **e)** any;
f) some. 2.- **g)** contable;
h) incontable; **i)** contable;
j) incontable.

---

unidad 21
contenido

1 AUSENCIA DE ARTÍCULO
2 PREGUNTAR POR SIGNIFICADOS
3 EN LA SALA DE ESTAR – *In the living-room*
4 EJERCICIOS

AUSENCIA DE ARTÍCULO

En español, el artículo determinado es más frecuente que en inglés. Aprendamos los casos en los que en inglés no se utiliza el artículo, aunque sí aparezca en español.

No se utiliza artículo:

- Al referirnos a un nombre de manera general:

Money is important / *El dinero es importante.*

Cats are nice animals
Los gatos son animales bonitos.

- Con los días de la semana y las estaciones del año:

The classes are **on Mondays**
Las clases son los lunes.

It usually snows **in winter**
Normalmente nieva en (el) invierno.

- Con la hora:

It's seven o'clock / Son _las_ siete en punto.

The match is **at 05:30** / El partido es a _las_ 05:30.

- Con asignaturas o materias académicas:

I like **geography**
Me gusta _la_ geografía.

- En algunas expresiones:

watch television:

ver _la_ televisión

have breakfast:

desayunar (tomar _el_ desayuno)

have lunch:

almorzar (tomar _el_ almuerzo)

have dinner:

cenar (tomar _la_ cena)

They never **watch television**
Ellos nunca ven la televisión.

She always **has breakfast** at 8
Ella siempre desayuna a las 8.

- Cuando el verbo «to play» significa «_jugar_» no se usa «the» junto al juego o deporte, pero si significa «_tocar_» (música), el artículo sí aparece junto al instrumento:

I never **play baseball**
Nunca juego al béisbol

He **plays _the_ guitar** in a band
Él toca la guitarra en una banda

- Ante una persona con título o tratamiento:

Mr. Smith (_el_ Sr. Smith)

President Sánchez
(_el_ presidente Sánchez)

Mrs. Martin is tall and pretty
La Sra. Martin es alta y bonita

VOCABULARIO:
EN LA SALA DE ESTAR / *In the living-room*

carpet	*alfombra*
cushion	*cojín*
bookcase	*librería, estantería*
fireplace	*chimenea*
picture	*cuadro*
vase	*jarrón*
lamp	*lámpara*
table	*mesa*
chair	*silla*
armchair	*sillón*
couch	*sofá*
drapes	*cortinas*
television (set)	*televisor*
radiator	*radiador*
furniture	*muebles*
door	*puerta*
window	*ventana*
ceiling	*techo*
wall	*pared*
floor	*suelo*

There are two **bedrooms** in this house
Hay dos dormitorios en esta casa.

There is a **picture** near the **fireplace**
Hay un cuadro cerca de la chimenea.

Is there a **radiator** behind the **drapes**?
¿Hay un radiador detrás de las cortinas?

Carpets are warm in winter
Las alfombras son cálidas en invierno.

What does «**cushion**» mean?
¿Qué significa «cushion»?

PREGUNTAR POR SIGNIFICADOS

Para preguntar por el significado
de una palabra usamos el verbo
«**to mean**» *(significar).*

- What does «clothes» **mean**?
¿Qué significa «clothes»?

- «Clothes» **means** «ropa»
«Clothes» significa «ropa».

Aunque también podemos
usar la siguiente pregunta:

What's the meaning of «clothes»?
¿Cuál es el significado de «clothes»?

Ejercicios

1.- Usar «the», «a/an» o dejar el espacio en blanco.

a) I don't like _____ chocolate.

b) She lives in _____ apartment house.

c) _____ Spanish people are friendly.

d) They never play _____ soccer.

e) _____ classical music is relaxing.

2.- Rellenar los espacios con las palabras correspondientes.

f) What _____ «armchair» _____ ?

It means «sillón».

3.- Completar los espacios con letras para formar palabras relacionadas con la sala de estar.

g) C _ U _ H

h) _ I _ E _ L _ C _

i) C _ R _ E _

j) _ O _ K _ A _ E

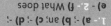

VERBOS MODALES

Los verbos modales son una categoría de verbos que tienen unas características peculiares.

Así:

a) Todos ellos son auxiliares, por lo que no necesitan de otro auxiliar para negaciones ni preguntas.

b) Tienen una forma invariable para todas las personas, es decir, los que se usan en presente, no añaden una «s» para la 3ª persona en singular.

c) Acompañan a infinitivos de otros verbos, pero no admiten la partícula «to» ni delante ni detrás de ellos.

d) Se usan para expresar posibilidad, necesidad, obligación, permiso, etc.

Soluciones:

1.- a) -; b) an; c) -; d) -;
e) -. **2.-** f) What does
«armchair» mean? It
means «sillón».
3.- g) COUCH; h) FIREPLACE;
i) CARPET; j) BOOKCASE

65

Los verbos modales son:

can
could
may
might
shall
should
will
would
must

I **can** <u>play</u> tennis
Yo puedo / sé jugar al tenis.

She **can** <u>close</u> the door
Ella puede cerrar la puerta.

They **can** <u>speak</u> English
Ellos pueden / saben hablar inglés.

En diferentes unidades se mostrarán en detalle los usos de estos verbos modales. En ésta trataremos el verbo «can».

EL VERBO «CAN»

El verbo «**can**» (*poder*) es un verbo modal que usamos para expresar <u>posibilidad</u> o <u>habilidad</u> para hacer algo (por lo que también equivale a «*saber*»).
«**Can**» se utiliza delante de un infinitivo (sin «to») y tiene una forma invariable para todas las personas, es decir, en presente, no añade «-s» en tercera persona.

La forma negativa de «can» es «can not», «cannot», o, la más usada, «**can't**».

He **can't** come to my house
Él no puede venir a mi casa

We **can't** drive
No podemos / sabemos conducir

Al tratarse de un verbo auxiliar, en preguntas invierte el orden con el sujeto.

Can <u>you</u> buy the newspaper?
¿Puedes comprar el periódico?

What **can** <u>we</u> do? / *¿Qué podemos hacer?*

Where **can** <u>you</u> get the tickets?
¿Dónde podéis conseguir las entradas?

Si la pregunta empieza con «can», la respuesta puede ser corta.

Can you swim? **Yes, I can**
¿Sabes nadar? Sí.

Can he send an email? **No, he can't**
¿Puede él mandar un correo electrónico? No.

«**Can**» también se utiliza para <u>pedir</u> y <u>dar permiso</u>.

Can I open the window?
¿Puedo abrir la ventana?

You **can** drive my car
Puedes conducir mi auto

VOCABULARIO:
EN EL COMEDOR - *In the dining-room*

tablecloth	*mantel*
dish, plate	*plato*
spoon	*cuchara*
fork	*tenedor*
knife	*cuchillo*
glass	*vaso*
cup	*copa, taza*
napkin	*servilleta*
jug	*jarra*
tray	*bandeja*
coffeepot	*cafetera*
teapot	*tetera*
tea spoon	*cucharilla*
saucer	*platillo*
sugar bowl	*azucarero*
salt shaker	*salero*
bottle opener	*abrebotellas*
corkscrew	*sacacorchos*

PEDIR QUE SE REPITA UNA INFORMACIÓN

Para pedir informalmente que alguien nos repita algo, hacemos uso de los verbos «can» y «to repeat».

Can you repeat that, please?
¿Puedes repetir eso, por favor?

Can you repeat your name, please?
¿Puedes repetir tu nombre, por favor?

Ejercicios

1.- Corregir los errores, si es necesario.

a) My mother cans cook very well.

_____

b) He can't uses the computer.

_____

c) Can you pass me the salt, please?

_____

d) They can't to open the bottle.

_____

e) Can Olga to buy a tablecloth?

_____

2.- ¿Qué pregunta se hace para pedir que nos repitan algo?

_____

_____

3.- ¿Qué utensilio se usa para...?

f) cortar pan _____

g) limpiarse en la mesa _____

h) contener azúcar_____

i) servir el café_____

unidad 23

contenido

1 CUANTIFICADORES: MUCH, MANY, A LOT OF, (A) LITTLE, (A) FEW
2 PREGUNTAR POR CANTIDADES: «HOW MUCH» Y «HOW MANY»
3 COMIDA Y BEBIDA – *Food and drink*
4 EJERCICIOS

CUANTIFICADORES: MUCH, MANY, A LOT OF, (A) LITTLE, (A) FEW

a) Para expresar gran cantidad de alguna cosa se usan los adverbios «**much**», «**many**» y «**a lot of**».

much + nombre incontable
mucho/a

many + nombre contable
muchos/as

a lot of + nombre contable o incontable
mucho/a/os/as

«**A lot of**» se utiliza en <u>frases afirmativas</u>, mientras que «**much**» y «**many**» se usan en <u>frases negativas y preguntas</u>. [«Many» puede aparecer en algunas frases afirmativas].

I have **a lot of** books
Tengo muchos libros

She doesn't have **much** money
Ella no tiene mucho dinero.

Are there **many** pupils in the classroom?
¿Hay muchos alumnos en la clase?

b) Para expresar poca o pequeña cantidad de alguna cosa, se usan «**little**» y «**few**».

little + nombre incontable
poco/a

few + nombre contable
pocos/as

Tanto «**little**» como «**few**» se pueden usar en <u>frases afirmativas, negativas e interrogativas.</u>

There is **little** sugar for the cake
Hay poco azúcar para el pastel

Are there **few** hamburgers?
¿Hay pocas hamburguesas?

En estos ejemplos, la cantidad (de azúcar o de hamburguesas) es pequeña y, además, insuficiente. Para expresar que una cantidad es pequeña pero suficiente, se hace uso de «**a little**» *(un/a poco/a)* y «**a few**» *(unos/as pocos/as).*

There is **a little** sugar for the cake
Hay un poco de azúcar para el pastel.

Are there **a few** hamburgers?
¿Hay unas pocas hamburguesas?

Otros ejemplos:

I have **little** money
Tengo poco dinero

VS

I have **a little** money
Tengo un poco de dinero

She has **few** dollars
Ella tiene pocos dólares

VS

She has **a few** dollars
Ella tiene unos pocos dólares

Para preguntar por cantidades se utilizan:

«How much?» / *(¿Cuánto/a?)*,
si se trata de un **nombre incontable**.

«How many?» / *(¿Cuántos/as?)*,
si se trata de un **nombre contable**.

Estas expresiones suelen ir seguidas de dichos nombres y del resto de la frase.

How much <u>milk</u> is there in the fridge?
There is little milk.
¿Cuánta leche hay en la nevera?
Hay poca leche.

How many <u>cakes</u> are there on the table?
There are a lot of cakes.
¿Cuántos pasteles hay en la mesa?
Hay muchos pasteles.

«How much?» se utiliza también para preguntar precios. Para ello se suele usar con el verbo **«to be»**, que en este caso equivale a *«costar»*.

How much <u>is</u> the beer?
¿Cuánto cuesta la cerveza?

How much <u>are</u> the apples?
¿Cuánto cuestan las manzanas?

VOCABULARIO:
COMIDA Y BEBIDA - *Food and drink*

food:	*comida*
vegetables:	*verduras*
fruit:	*fruta*
meat:	*carne*
fish:	*pescado*
cake:	*pastel*
bread:	*pan*
pasta:	*pasta*
egg:	*huevo*
ice cream:	*helado*
hot dog:	*perrito caliente*
hamburger:	*hamburguesa*

drinks:	*bebidas*
beer:	*cerveza*
wine:	*vino*
coffee:	*café*
juice:	*zumo*
lemonade:	*limonada*
tea:	*té*
milk:	*leche*
milk shake:	*batido*
water:	*agua*
soft drink:	*refresco*
coke:	*cola (refresco)*

Ejercicios

1.- Completar con «much», «many»o «a lot of».

a) How _________ teachers do you have?

b) Are there ______ statues in the museum?

c) There are 10 litres of juice. That's ________ juice for you.

d) There isn't ______ coffee in the kitchen.

2.- Usar «little» o «few».

e) My friends have three children and ______ time to relax.

f) Only ________ people can answer that question.

g) We need a _____ bread for the sandwich.

h) There is a ______ water in the glass.

3.- Preguntar el precio de:

i) that picture ____________________

j) the hot dogs ____________________

Soluciones:

1.- a) many; **b)** many; **c)** a lot of; **d)** much. **2.- e)** little; **f)** few; **g)** little; **h)** little. **3.- i)** How much is that picture?; **j)** How much are the hot dogs?

EL GERUNDIO

El gerundio tiene distintas funciones en inglés. Una de ellas es que forma parte de los tiempos continuos. Equivale en español a las formas acabadas en «-ando» e «-iendo» (saltando, corriendo, etc.). Como regla general, se forma añadiendo «-ing» al infinitivo del verbo, aunque a veces se producen ligeros cambios, que se tratan a continuación.

a) La regla general es «infinitivo + ing»:

learn + ing = learning
(aprender – aprendiendo)

b) Si el infinitivo acaba en «e» muda, ésta desaparece al añadir «ing»:

come + ing = coming
(venir – viniendo)

c) Si el infinitivo acaba en «e» sonora, ésta no desaparece:

see + ing = seeing
(ver – viendo)

d) Si el infinitivo acaba en «ie», estas vocales cambian a «y» antes de agregar «ing»:

lie + ing = lying
(mentir – mintiendo)

e) Si el infinitivo acaba en «y», ésta permanece y se añade «ing»:

study + ing = studying
(estudiar - estudiando)

f) Si el infinitivo acaba en la sucesión «consonante-vocal-consonante» y la última sílaba del mismo es la acentuada, la última consonante se duplica antes de añadir «ing»:

cut + ing = cutting
(cortar – cortando)

USOS DEL GERUNDIO

El gerundio se utiliza:

a) Para formar los tiempos continuos de los verbos (que se tratan en posteriores unidades).

I am **learning** English
Estoy aprendiendo inglés.

Is she **sleeping**?
¿Está ella durmiendo?

b) Cuando el sujeto de una frase es un verbo.

Studying languages is interesting.
Estudiar idomas es interesante.

Driving fast can be dangerous
Conducir rápido puede ser peligroso.

c) Cuando un verbo funciona como complemento del verbo «to be».

My objective is **passing** the test.
Mi objetivo es aprobar el examen.

Your problem is
speaking in public.
Tu problema es hablar en público.

d) Detrás de una serie de verbos, entre los que destacan «to like» *(gustar)*, «to love» *(encantar)*, «to prefer» *(preferir)*, «to hate» *(odiar)*, etc.

She <u>likes</u> **dancing**
A ella le gusta bailar.

My brother <u>hates</u> **getting up** early.
Mi hermano odia levantarse temprano.

e) Detrás de cualquier preposición (excepto «to», aunque hay unos pocos casos en los que se usa detrás de esta preposición).

I am thinking <u>about</u> **selling** my car
Estoy pensando en vender mi auto

Are you good <u>at</u> **playing** chess?
¿Eres bueno jugando al ajedrez?

Thank you <u>for</u> **coming**
Gracias por venir

Hay otras funciones del gerundio (modificador, adjetivo, etc.) que serán tratadas en diferentes unidades.

Ejercicios

1.- ¿Cuál es el gerundio de los siguientes verbos?

a) to have
b) to run
c) to be
d) to fly
e) to listen

2.- Completar los espacios con el gerundio de alguno de los verbos siguientes: listen, speak, do, live, travel, go.

f) William's parents are _____ in a small city, near the forest.

g) _____ exercise is good for your health.

h) Peter is interested in _____ to Japan.

i) My friends love _____ to classical music before _____ to bed.

j) She can't hear you because she's _____ on the telephone.

1 EL PRESENTE CONTINUO
2 USOS DEL PRESENTE CONTINUO
3 EL VERBO «TO BE WEARING»
4 LA ROPA - *Clothes*
5 EJERCICIOS

EL PRESENTE CONTINUO

El presente continuo expresa acciones del presente, pero con matices diferentes al presente simple.

Se forma con el **presente del verbo «to be»** y el **gerundio (infinitivo + ing)** del verbo principal que se trate.

a) Su forma afirmativa es:

[To clean: *limpiar***]**

I **am cleaning**	*yo estoy limpiando*
you **are cleaning**	*tú estás / usted está limpiando*
he **is cleaning**	*él está limpiando*
she **is cleaning**	*ella está limpiando*
it **is cleaning**	*está limpiando*
we **are cleaning**	*nosotros/as estamos limpiando*
you **are cleaning**	*vosotros/as estáis / ustedes están limpiando*
they **are cleaning**	*ellos/as están limpiando*

73

I am cleaning the bathroom
Estoy limpiando el cuarto de baño

He **is living** in Washington
Él está viviendo en Washington

We **are listening** to the radio
Estamos escuchando la radio

b) Las oraciones negativas se
forman negando el verbo «to be».

You **aren't studying** German
Vosotros no estáis estudiando alemán

The dog **isn't eating** now
El perro no está comiendo ahora

It **isn't raining** / *No está lloviendo*

c) Las preguntas se formulan invirtiendo
el orden de «to be» y el sujeto.

Are you **watching** television?
¿Estás viendo la televisión?

Is Margaret **singing** a song?
¿Está Margaret cantando una canción?

What **are** they **doing?**
¿Qué están haciendo?

USOS DEL PRESENTE CONTINUO

1) Para indicar una acción que está
ocurriendo en el momento en que se habla.

I **am speaking** to you
Estoy hablando contigo

Is she **phoning** a friend now?
¿Está ella llamando a una amiga ahora?

They **aren't playing** basketball
Ellos no están jugando al baloncesto

2) Para referirse a una acción que
transcurre en un momento cercano
al actual, aunque no sea
en el momento preciso de hablar.

He**'s reading** «War and Peace»
Él está leyendo «Guerra y Paz»

We**'re studying** English
Estamos estudiando inglés

3) El presente continuo también se
utiliza para expresar futuro, pero este
apartado se tratará más adelante.

EL VERBO «TO BE WEARING»

«To be wearing» equivale en español a «llevar puesto», por lo que es especialmente usado con vocabulario relativo a la ropa, que tratamos a continuación.

What **are** you **wearing**?
¿Qué llevas puesto?

I **am wearing** ....
Llevo puesto ....

VOCABULARIO: LA ROPA — *Clothes*

uniform:	*uniforme*	**coat:**	*abrigo*
hat:	*sombrero*	**raincoat:**	*impermeable*
cap:	*gorra*	**belt:**	*cinturón*
shirt:	*camisa*	**suit:**	*traje*
T-shirt:	*camiseta*	**tie:**	*corbata*
sweater:	*suéter*	**underwear:**	*ropa interior*
pants:	*pantalones*	**jacket:**	*chaqueta*
jeans:	*vaqueros*	**socks:**	*calcetines*
shorts:	*pantalones cortos*	**stockings:**	*medias*
blouse:	*blusa*	**shoes:**	*zapatos*
skirt:	*falda*	**sandals:**	*sandalias*
dress:	*vestido*	**boots:**	*botas*
		jogging suit:	*chándal*
		sneakers:	*zapatillas deportivas*
		pajamas:	*pijama*
		scarf:	*bufanda*
		gloves:	*guantes*
		bathing suit:	*bañador*

Is he wearing a blue **suit** and a **tie**?
¿Lleva él puesto un traje azul y una corbata?

I'm wearing **gloves** and a **scarf**. It's cold
Llevo guantes y una bufanda. Hace frío

Ejercicios

1.- Completa las frases con el presente continuo de los verbos: take, write, listen, drink, play.

a) Sarah and Greg ____ _____ the piano.

b) _____ Tom _____ a novel?

c) They _____ not _____ to music.

d) I _____ my umbrella.

e) _____ you _____ wine?

2.- ¿Cómo se pregunta a alguien qué lleva puesto?

_____

_____

3.- Ordenar las letras para formar palabras relativas a la ropa.

f) R S I T K _____

g) C A T E K J _____

h) T R E W A S E _____

i) S N E J A _____

unidad **26**

contenido

1. DIFERENCIAS ENTRE EL PRESENTE SIMPLE Y EL PRESENTE CONTINUO
2. ADVERBIOS DE TIEMPO PARA EL PRESENTE
3. EN LA COCINA – *In the kitchen*
4. EJERCICIOS

DIFERENCIAS ENTRE EL PRESENTE SIMPLE Y EL PRESENTE CONTINUO

La diferencia fundamental entre estos dos tiempos es que el presente simple se usa para expresar acciones habituales o rutinarias, mientras que el presente continuo se utiliza para expresar acciones que están ocurriendo en el momento en que se habla. Hay que tener cuidado porque en español estas acciones suelen expresarse también en presente simple. Por ello es muy importante el uso de adverbios de tiempo.

I **go** to the movies on Saturdays
Voy al cine los sábados.

I **am going** to the movies now
Voy al cine ahora. (Estoy yendo al cine).

Pero hay algunos verbos que no se usan normalmente en presente continuo. Estos verbos se llaman «de estado». Con ellos se expresan estados, emociones, actividades mentales, etc. Algunos ejemplos son:

Verbos de los sentidos:
feel (*sentir*), see (*ver*), hear (*oír*), smell (*oler*), taste (*saborear*).

Verbos de emociones:
like (*gustar*), love (*encantar*), hate (*odiar*), wish (*desear*), want (*querer*), etc.

Verbos de actividad mental:
know (*saber*), think (*pensar, creer*), forget (*olvidar*), remember (*recordar*), etc.

Verbos de posesión:
have (*tener*), belong (*pertenecer*), possess (*poseer*), etc.

They **hear** strange noises at night
Ellos oyen ruidos extraños por la noche.

She **loves** New York
A ella le encanta Nueva York.

I **think** it is a good idea
Pienso que es una buena idea.

We **have** a bilingual dictionary
Tenemos un diccionario bilingüe.

Algunos de estos verbos pueden ser usados de manera continua, pero su significado varía:

I **am thinking** about you
Estoy pensando en ti.

They **are having** breakfast
Ellos están desayunando.

ADVERBIOS DE TIEMPO PARA EL PRESENTE

Estos adverbios son muy usados cuando expresamos acciones en presente, bien de forma simple o continua.

	now	*ahora*
	right now	*ahora mismo*
	at the moment	*en este momento*
	at present	*en este momento*
	everyday	*todos los días*
	currently	*actualmente*
	today	*hoy*
	tonight	*esta noche*

	week	*esta semana*
this	month	*este mes*
	year	*este año*

Are you studying English **now**?

Estás estudiando inglés ahora?

They are working hard **this month**.

Ellos están trabajando duro este mes.

It's very cold **tonight**.

Hace mucho frío esta noche.

Vincent is living in
Madrid **at the moment**.

*Vincent está viviendo en
Madrid en este momento.*

She gets up at seven
o'clock **everyday**.

*Ella se levanta a las siete en
punto todos los días.*

refrigerator	*nevera*
freezer	*congelador*
cooker	*cocina*
oven	*horno*
microwave oven	*microondas*
dishwasher	*lavavajillas*
mixer	*batidora*
tin-opener	*abrelatas*
ladle	*cucharón*
mug	*tazón*
toaster	*tostadora*
counter	*encimera*
cabinet	*armario*
scouring pad	*estropajo*
dish towel	*paño*
casserole	*olla*
saucepan	*cazo*
frying pan	*sartén*
garbage can	*cubo de la basura*
sink	*fregadero*
cookbook	*libro de cocina*
recipe	*receta*

Ejercicios

1.- Usar los verbos en presente simple o continuo.

a) He _____ (wash) a saucepan right now.

b) I sometimes _____ (cook) in the oven.

c) _____ you _____ (have) a toaster?

d) She _____ (read) a recipe at the moment.

e) We _____ (like) this dishwasher.

f) _____ your father _____ (clean) the kitchen now?

2.- Completar las letras que faltan para formar palabras relativas a la cocina.

g) _ R _ E _ E _

h) _ I _ E _

i) C _ B _ N _ T

j) _ A _ S _ R _ L _

EXPRESAR AGRADO Y DESAGRADO

Para expresar agrado o desagrado en inglés, podemos usar los verbos siguientes:

like	*gustar*
dislike	*no gustar (disgustar)*
enjoy	*disfrutar*
love	*encantar*
hate	*odiar*
prefer	*preferir*

Estos verbos pueden ir seguidos de un nombre (o pronombre) o de otro verbo.

Con un nombre:

I **like** <u>soccer</u> / *Me gusta el fútbol*

They **dislike** <u>Mexican food</u>
*A ellos no les gusta
la comida mexicana*

My mother **loves** <u>that music</u>
A mi madre le encanta esa música

Susan **hates** <u>mice</u>
Susan odia los ratones.

He **prefers** <u>an ice-cream</u>
Él prefiere un helado.

79

Cuando van seguidos de un verbo, éste último suele tener forma de gerundio (aunque en español suela traducirse por infinitivo).

Paul **likes** <u>playing</u> soccer
A Paul le gusta jugar al fútbol

We **don't like** <u>skiing</u>
No nos gusta esquiar

Peter's cousin **enjoys** <u>swimming</u>
El primo de Peter disfruta nadando

My sisters **love** <u>dancing</u>
A mis hermanas les encanta bailar

I **hate** <u>getting up</u> early in the morning
*Odio levantarme temprano
por la mañana*

Pero cuando usamos la forma condicional de «like» (would like: *gustaría*), el verbo que le sigue ha de usarse en infinitivo (con «to»).

I **would like** <u>to skate</u>
Me gustaría patinar

She **would like** <u>to sing</u>
A ella le gustaría cantar

Los adverbios «**much**», «**many**» y «**a lot**» (ver unidad 23) pueden usarse también al final de las frases.

Is there any wine? Well, there is some, but not **much**
¿Hay vino? Bueno, hay algo, pero no mucho

How many people are there at the conference? Not **many**
¿Cuánta gente hay en la conferencia? No mucha

Do you like horror films? Yes, **a lot**
¿Te gustan las películas de terror? Sí, mucho

I like painting **very much**
Me gusta mucho pintar

Al igual que en éste último caso, cuando usemos un verbo y «**much**», «**many**» o «**a lot**» lo modifiquen, en español dichos adverbios acompañan al verbo, pero en inglés se usan al final.

She <u>likes</u> English **very much**

 NO

She likes very much English
*A ella <u>le gusta</u> **mucho** el inglés.*

science	ciencias
mathematics (maths)	matemáticas
languages	idiomas
history	historia
geography	geografía
biology	biología
literature	literatura
art	arte
chemistry	química
physics	física

physical education (PE)

educación física

My sister hates **chemistry**
Mi hermana odia la química

I like **literature** very much
Me gusta mucho la literatura

These pupils enjoy
studying **languages**
*Estos alumnos disfrutan
estudiando idiomas*

Ejercicios

1.- Ordenar las palabras para formar frases.

a) repairing I car dislike my.

_____

b) likes the Tom playing piano much very.

_____

c) Clare history studying enjoys.

_____

d) hate we physics.

_____

e) a they lot like mathematics.

_____

2.- Completar las letras para formar
vocabulario relativo a las asignaturas.

f) _ I _ T _ R _

g) _ H _ S _ C _

h) _ E _ G _ A _ H _

i) _ H _ M _ S _ R _

j) _ I _ L _ G _

unidad 28

contenido

1 PRONOMBRES PERSONALES OBJETO
2 EL ABECEDARIO – *The alphabet*
3 DELETREO – *Spelling*
4 EJERCICIOS

Los pronombres personales
objeto se colocan:

PRONOMBRES PERSONALES OBJETO

En la Unidad 1 se trataron los pronombres
personales sujeto, que son los que realizan la
acción. En este caso nos ocupamos de los
pronombres personales objeto, que son
los que reciben la acción del verbo.

a) Tras el verbo:

She is <u>helping</u> **me**

Ella me está ayudando

I <u>love</u> **you**

Te estoy amando

They are <u>showing</u> **him** a book

Ellos están mostrándole un libro (a él)

You are <u>teaching</u> **us** English

Tú nos estás enseñando inglés

b) Tras una preposición:

He's looking <u>at</u> **us**

Él está mirándonos

They are going to the movies <u>with</u> **her**

Ellos van al cine con ella

This present is <u>for</u> **them**

Este regalo es para ellos

Pronombres sujeto (preceden al verbo)	Pronombres objeto (siguen al verbo)
I	**me** *(me, a mí)*
you	**you** *(te, a ti, le, a usted)*
he	**him** *(le, lo, se, a él)*
she	**her** *(le, la, se, a ella)*
it	**it** *(le, lo, se, a ello)*
we	**us** *(nos, a nosotros/as)*
you	**you** *(os, a vosotros/as, les, a ustedes)*
they	**them** *(les, se, a ellos/as)*

VOCABULARIO:
EL ABECEDARIO – *The alphabet*

A	*(ei)*	**N**	*(en)*
B	*(bi)*	**O**	*(ou)*
C	*(si)*	**P**	*(pi)*
D	*(di)*	**Q**	*(kiu)*
E	*(i)*	**R**	*(ar)*
F	*(ef)*	**S**	*(es)*
G	*(lli)*	**T**	*(ti)*
H	*(eich)*	**U**	*(iu)*
I	*(ai)*	**V**	*(vi)*
J	*(llei)*	**W**	*(dábeliu)*
K	*(kei)*	**X**	*(eks)*
L	*(el)*	**Y**	*(uai)*
M	*(em)*	**Z**	*(zi)*

Para la pronunciación de la «g» (lli) y la «j» (llei), hemos de tener en cuenta que la «ll» suena como en Argentina o Uruguay.

La «z» tiene un sonido silbante, similar a un zumbido, que no existe en español.

DELETREO – *Spelling*

Cuando se quiera preguntar cómo se deletrea una palabra, podemos usar alguna de las siguientes expresiones:

Can you spell .... ?
¿Puedes deletrear ....?

How do you spell .... ?
¿Cómo deletreas .... ?

Para responder a estas preguntas se deletrea la palabra, teniendo en cuenta que cuando aparecen dos letras iguales consecutivas, también se puede usar «double» (dábel) + nombre de la letra:

-**Can you spell the word «book»?**
- ¿Puedes deletrear la palabra «book»?

-B-**O-O**-K.
- B-O-O-K (bi – dábel ou – kei)
(bi – ou – ou – kei)

83

Ejercicios

1.- Sustituir las palabras subrayadas por pronombres objeto.

a) I am sitting on <u>a chair</u>.
   I am sitting on _____

b) She isn't with <u>her grandfather</u> now.
   She isn't with _____now.

c) How do you spell <u>the word « room»</u>?
   How do you spell _____?

d) Are you living with <u>your parents</u>?
   Are you living with _____?

e) They are helping <u>you and your cousin</u>.
   They are helping _____

f) Is it for <u>Peter and me</u>?
   Is it for _____?

g) He is always looking at <u>Glenda</u>.
   He is always looking at _____

h) Mary likes <u>Robert</u>. (I am Robert).
   Mary likes _____

i) She is driving <u>her car</u>.
   She is driving _____

2.- Ordenar las palabras para formar una frase.

j) you word can « science» the spell ?

   _____

LAS CONJUNCIONES «AND», «OR» Y «BUT»

Estas conjunciones son las más utilizadas en inglés. Se les llama también «conectores» y sirven para unir elementos en la frase o frases enteras, pero sus funciones son muy diferentes.

«And»: y

Se utiliza para unir elementos o frases que tienen cierta relación.

Robert **and** Tom are my brothers
Robert y Tom son mis hermanos

I live in France **and** you live in Italy
Yo vivo en Francia y tú vives en Italia

He is tall **and** slim
Él es alto y delgado

84

«Or»: o

Se utiliza para presentar una alternativa.

Are you a doctor **or** a nurse?
¿Es usted doctora o enfermera?

She is Italian **or** French. I don't remember
Ella es italiana o francesa. No recuerdo

«But»: pero, sino

Se usa para expresar contraste.

She isn't very friendly **but** I like her
Ella no es muy simpática pero me gusta

I don't speak English **but** Spanish
Yo no hablo inglés sino español

EXPRESAR ACTIVIDADES FÍSICAS Y DEPORTES

Para expresar actividades físicas y deportes usamos diferentes verbos, dependiendo de la actividad.

De esta manera:

a) Si se practica con pelota, se usa el verbo **«to play»**:

play (jugar al)	**soccer** *fútbol*
	basketball *baloncesto*
	baseball *béisbol*
	tennis *tenis*

Does he **play basketball** or **baseball**?
¿Él juega al baloncesto o al béisbol?

b) Si no se practica con pelota, se usa el verbo **«to go»** y la actividad en gerundio:

go (ir a)	**swimming** *nadar*
	skating *patinar*
	horse-riding *montar a caballo*
	cycling *montar en bicicleta*

My sister **goes swimming** once a week
Mi hermana va a nadar una vez a la semana

c) Para otras actividades se utiliza **«to do»**:

do (hacer, practicar)	yoga *hacer yoga*
	pilates *hacer pilates*
	exercise *hacer ejercicio*
	judo, karate, etc *practicar judo, karate, etc*

I **do yoga** but John **does pilates**
Yo hago yoga pero John hace pilates

VOCABULARIO:
EN EL DORMITORIO
In the bedroom

bed	*cama*
night table	*mesita de noche*
sheet	*sábana*
blanket	*manta*
pillow	*almohada*
mattress	*colchón*
closet	*armario*
alarm clock	*despertador*
hanger	*percha*
drawer	*cajón*
chest of drawers	*cómoda*

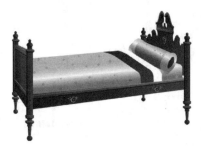

I need an **alarm clock**
on the **night table**
*Necesito un despertador
en la mesita de noche*

She doesn't keep her clothes in a
chest of drawers but in a **closet**
*Ella no guarda su ropa en
una cómoda, sino en un armario*

Ejercicios

1.- Completar las frases con «and», «or» o «but».

a) Do you prefer beer _____ wine?

b) I need some milk, butter _____ bread.

c) They study a lot _____ they never pass their exams.

d) The mattress is very comfortable _____ the pillow isn't.

e) The alarm clock is in the drawer _____ on the night table.

2.- Usar los verbos «to play», «to go» o «to do» en el tiempo (de presente) o forma correspondientes.

f) Paula _____ yoga at the moment.

g) They _____ cycling everyday.

h) Does your brother like _____ tennis or golf?

3.- ¿Qué objeto usamos para cubrirnos (taparnos) en la cama cuando hace frío?

_____

4.- ¿Qué objeto usamos para colgar ropa de él?

_____

USO DE «ALSO», «TOO» Y «AS WELL»

«Also», «too» y «as well» son tres formas de expresar «también» en inglés, pero su posición en la frase es diferente.

a) En frases afirmativas, «**also**» se coloca detrás del verbo, si éste es auxiliar (to be, can, etc.), o delante de él, si no es auxiliar. Si la frase es una pregunta, sólo cambia de orden el verbo auxiliar.

I <u>am</u> **also** American
También soy estadounidense.

<u>Is</u> he **also** a student?
¿Él también es estudiante?

We <u>can</u> **also** go swimming
También podemos ir a nadar.

They **also** <u>drive</u> to work
Ellos también van al trabajo en auto.

Do you **also** <u>have</u> an apartment in Manhattan?
¿También tienes un apartamento en Manhattan?

She makes her bed and she **also** <u>cleans</u> the bathroom.
Ella hace su cama y también limpia el cuarto de baño.

b) «**Too**» y «**as well**» se utilizan al final de la frase en cualquier caso. Son intercambiables.

They are Spanish, **too**
Ellos también son españoles

My mother goes to bed late, **as well**
Mi madre también se va tarde a la cama

We can send them an email, **too**
Podemos enviarles un correo electrónico, también

I play the violin and the piano, **as well**
Toco el violín y también el piano.

Cuando se quiera preguntar sobre el trabajo o la profesión de alguien, se pueden usar alguna de las siguientes expresiones:

Los números de teléfono se expresan dígito por dígito en inglés. En caso de encontrar dos dígitos iguales consecutivos, se puede usar también la fórmula «double + número».

What do you do?
¿A qué te dedicas?, ¿Qué haces?

-What's your phone number?
- *¿Cuál es tu número de teléfono?*

What's your job?
¿Cuál es tu trabajo?

-My phone number is 766 129308.
- *Mi número de teléfono es el 766 129308*

Para responder a estas preguntas podemos usar el vocabulario que aparece en la Unidad 4.

What's your job? I am an **architect**
¿Cuál es tu trabajo? Soy arquitecto

What does she do? She is a **nurse**
¿A qué se dedica ella? Es enfermera

What do they do? They are **painters**
¿A qué se dedican ellos? Son pintores

Recuerda

Los números se expresan así:

766 129308
(seven-**six-six**/**double six**-one-two-nine-three-zero-eight)

Ejercicios

1.- Completar las frases con «also» o «too», en los espacios que lo precisen.

a) She_____ is _____ studying English.

b) They can go_____skating _____.

c) I _____ like _____fish.

d) We read _____ the newspaper_____.

e) You _____ need _____a closet for your bedroom.

f) Is _____ it _____ a calculator?

2.- Ordenar las palabras para formar frases.

g) does do she what ? _____

h) his what job is ? _____

3.- ¿Cómo se le pregunta a alguien por su trabajo sin usar la palabra «job»?

_____

4.- ¿Cómo le pedimos a alguien el número de teléfono de Betty?

_____

ADVERBIOS DE MODO

Muchos adverbios de modo se forman a partir de adjetivos, a los que se les añade la terminación «-**ly**», que suele equivaler a la terminación «*-mente*» en castellano, pero algunos sufren alguna alteración.

a) La regla general es añadir «-**ly**» al adjetivo:

slow (*lento*)	
slow**ly** (*lentamente*)	
quick (*rápido*)	
quick**ly** (*rápidamente*)	
quiet (*tranquilo*)	
quiet**ly** (*tranquilamente*)	
careful (*cuidadoso*)	
careful**ly** (*cuidadosamente*)	

The girl is sleeping **quietly**
La muchacha está durmiendo tranquilamente

b) Los adjetivos terminados en «-y» cambian la terminación por «-ily»

easy (*fácil*)

eas**ily** (*fácilmente*)

happy (*feliz*)

happ**ily** (*felizmente*)

I can learn these rules **easily**
Puedo aprender estas reglas fácilmente

c) Los adjetivos terminados en «-le» cambian la terminación por «-ly».

terrible (*terrible*)

terrib**ly** (*terriblemente*)

gentle (*suave*)

gent**ly** (*suavemente*)

I am **terribly** sorry
Lo lamento mucho (terriblemente)

d) Los adjetivos terminados en «-ic» cambian la terminación por «-ically»

automatic (*automático*)

automat**ically** (*automáticamente*)

This machine works **automatically**
Esta máquina funciona automáticamente

Algunos adverbios de modo tienen la misma forma que los adjetivos:

adjetivos	adverbios
fast (*rápido*)	**fast** (*rápidamente*)
hard (*duro*)	**hard** (*duramente*)

It's a **hard** job. (adjetivo)
Es un trabajo duro

They work **hard**. (adverbio)
Ellos trabajan duramente

El adverbio de modo relativo al adjetivo «good» (*buen, bueno*) es «**well**» (*bien*).

He is a **good** painter. (adjetivo)
Él es un buen pintor

He paints **well**. (adverbio)
Él pinta bien

Los adverbios de modo se suelen colocar detrás del verbo:

She <u>is eating</u> **quickly**

Ella está comiendo deprisa (rápidamente)

They <u>speak</u> **perfectly**

Ellos hablan perfectamente

Pero si el verbo lleva complemento, el adverbio se coloca detrás de éste y nunca entre el verbo y el complemento:

She is eating <u>the apple</u> **quickly**

Ella se está comiendo la manzana deprisa

They speak <u>English</u> **perfectly**

Ellos hablan inglés perfectamente

VOCABULARIO:
EN EL CUARTO DE BAÑO
In the bathroom

mirror	*espejo*
sink	*lavabo*
toilet	*inodoro*
bathtub	*bañera*
shower	*ducha*
stopper	*tapón*
faucet	*grifo*
soap	*jabón*
sponge	*esponja*
towel	*toalla*
toilet paper	*papel higiénico*
comb	*peine*
shampoo	*champú*
scale	*báscula*
toothbrush	*cepillo de dientes*
toothpaste	*pasta de dientes*
shaving cream	*espuma de afeitar*
razor	*maquinilla de afeitar*

They never turn off the **faucet** well

Ellos nunca cierran bien el grifo

I use the **razor** carefully

Uso la maquinilla de afeitar cuidadosamente

The **toilet** doesn't work properly

El inodoro no funciona correctamente

There isn't any **toothpaste** in the tube

No hay pasta de dientes en el tubo

Ejercicios

1.- Formar el adverbio de modo a partir de los adjetivos:

a) simple _____

b) natural _____

c) fast _ _____

d) good _____

e) bad_____

2.- Corregir las frases siguientes en caso de que lo necesiten:

f) He is a terribly painter. His pictures are horrible. _____

g) Mary, can you give me a towel? Quick, please! _____

h) Melissa doesn't study very hard.

_____

3.- Ordenar las letras para formar palabras relativas al cuarto de baño.

i) O N S E G P _____

j) R I R M O R _____

unidad 32

contenido

1 LOS PRONOMBRES POSESIVOS
2 EN LA CLASE – *In the classroom*
3 EJERCICIOS

LOS PRONOMBRES POSESIVOS

Los pronombres posesivos se usan para sustituir al adjetivo posesivo y al nombre al que éste acompaña.

Adjetivos posesivos	Pronombres posesivos
my ▶	**mine**

(el/la) mío, mía, (los/las) míos, mías

| your ▶ | **yours** |

(el/la) tuyo, tuya, (los/las) tuyos, tuyas

(el/la) suyo, suya,(los/las) suyos, suyas (de usted)

| his ▶ | **his** |

(el/la) suyo, suya, (los/las) suyos, suyas (de él)

| her ▶ | **hers** |

(el/la) suyo, suya, (los/las) suyos, suyas (de ella)

| its | ▶ | **its** |

(el/la) suyo, suya, (los/las) suyos, suyas (de ello)

| our | ▶ | **ours** |

(el/la) nuestro, nuestra, (los/las) nuestros, nuestras

| your | ▶ | **yours** |

(el/la) vuestro, vuestra, (los/las) vuestros, vuestras

(el/la) suyo, suya, (los/las) suyos, suyas (de ustedes)

| their | ▶ | **theirs** |

(el/la) suyo, suya, (los/las) suyos, suyas (de ellos/as)

Excepto «mine», el resto de
pronombres posesivos tienen
la misma forma que los
adjetivos posesivos,
añadiéndoles una «s», salvo
los casos que ya acaban en «s»
(his, its), que son iguales.

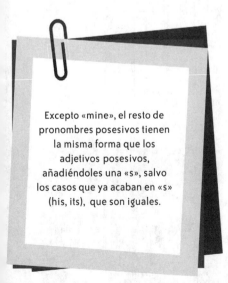

Al tratarse de pronombres, sustituyen a
los nombres (no los acompañan).

<u>My car</u> is black. **Mine** is black
Mi auto es negro. El mío es negro

It is <u>her comb</u>. It's **hers**
Es su peine (de ella). Es suyo

They are <u>our pictures</u>. They are **ours**
Son nuestros cuadros. Son nuestros

These are <u>your shoes</u>. These are **yours**
Éstos son sus zapatos (de ustedes)
Éstos son los suyos (de ustedes)

It's <u>their computer</u>. It's **theirs**
Es su computadora (de ellos). Es suya

My dictionary is cheap
but **his** is expensive
Mi diccionario es barato
pero el suyo (de él) es caro

She likes Linda's shoes,
but she doesn't like **ours**.
A ella le gustan los zapatos de Linda,
pero no le gustan los nuestros.

VOCABULARIO:
EN LA CLASE - *In the classroom*

pencil	*lápiz*
pen	*bolígrafo, pluma*
marker	*rotulador*
board	*pizarra*
eraser	*borrador*
chalk	*tiza*
paper	*papel*
folder	*carpeta*
notebook	*cuaderno*
workbook	*cuaderno de ejercicios*
ruler	*regla*
scissors	*tijeras*
stapler	*grapadora*
pencil sharpener	*sacapuntas*
pencil case	*estuche*
desk	*escritorio, pupitre*

Is this your **pen**? No, it isn't. Mine is red.
¿Es éste tu bolígrafo? No. El mío es rojo.

That **folder** isn't his. It's hers.
Esa carpeta no es suya (de él). Es de ella.

Look at that **pencil case**. Is it yours?
Mira ese estuche. ¿Es tuyo?

Our **rulers** are short but theirs are long.
Nuestras reglas son cortas pero las suyas (de ellos) son largas.

Ejercicios

1.- Usar adjetivos posesivos o pronombres posesivos, concordando con el sujeto cuando sea posible.

a) Sheila and John are visiting _____ friends now.

b) This is his telephone. It's _____

c) We are living in _____ new house.

d) That is her pencil. It's _____

e) You have my telephone number but I don't have _____

2.- Resolver como un crucigrama. Verticalmente se puede leer una palabra relacionada con la clase.

f) Se usa para escribir en un papel.
g) Se usa para escribir en una pizarra.
h) Se usa para unir folios.
i) Se usa para guardar o archivar papeles o documentos.
j) Se usa para medir o trazar líneas rectas.

f) _ ___
g) __ ___
h) ___ ____
i) ____ __
j) _ _____

unidad 33

contenido

1 EL PRONOMBRE INTERROGATIVO «WHOSE?»
2 EL TIEMPO – *The weather*
3 PREGUNTAR Y RESPONDER ACERCA DEL TIEMPO
4 EJERCICIOS

EL PRONOMBRE INTERROGATIVO «WHOSE?»

El pronombre interrogativo **«whose?»** implica posesión y significa «*¿de quién?, ¿de quiénes?*»

> **Whose** is this cell phone?
> *¿De quién es este teléfono móvil?*

> **Whose** are those cigarettes?
> *¿De quién son esos cigarrillos?*

Las preguntas con **«whose»** se pueden realizar de diversas maneras. Así, tras dicho pronombre se puede encontrar el verbo «to be», o bien el nombre de aquello por cuyo poseedor se pregunta.

> **Whose** is this ring? = **Whose** ring is this?
> *¿De quién es este anillo?*

> **Whose** are these documents? =
> **Whose** documents are these?
> *¿De quién son estos documentos?*

Estas preguntas se pueden responder:

a) Con los pronombres posesivos.

> **Whose** bedroom is that? It's **hers**
> *¿De quién es ese dormitorio? Es suyo (de ella).*

> **Whose** is this laptop? It's **mine**
> *¿De quién es esta computadora portátil? Es mía*

b) Con el caso genitivo. Para ello, en la respuesta es posible no usa el objeto junto al poseedor:

> **Whose** is this dog? It's **Tom's**
> *¿De quién es este perro? Es de Tom*

> **Whose** cards are those?
> They're **Sarah's**
> *¿De quién son estas tarjetas? Son de Sarah*

VOCABULARIO:
EL TIEMPO – *The weather*

the weather	*el tiempo*
sun	*sol*
rain	*lluvia*
cloud	*nube*
wind	*viento*
fog	*niebla*
snow	*nieve*
weather forecast	*pronóstico meteorológico*

También hay adjetivos derivados de estos nombres. Se forman añadiendo una «-y» a dichos sustantivos.

sunny	*soleado*
rainy	*lluvioso*
cloudy	*nublado*
windy	*ventoso*
foggy	*con niebla*

It's windy / *Hace viento*

It's a rainy day / *Es un día lluvioso*

Adjetivos relativos a la temperatura:

hot	*caluroso*
warm	*cálido*
cool	*fresco*
cold	*frío*
wet	*húmedo*
dry	*seco*

Is it **hot**? / *¿Hace calor?*

Today it is **cold** / *Hoy hace frío.*

PREGUNTAR Y RESPONDER ACERCA DEL TIEMPO

Cuando se quiere preguntar por el tiempo se suele decir:

What's the weather like?
¿Cómo está el tiempo? ¿Qué tiempo hace?

Aunque también se puede usar:

How's the weather?
¿Cómo está el tiempo?

Para responder, se ha de tener en cuenta que el sujeto siempre es «it», al que le sigue el verbo «to be».

It's sunny	*Hace sol (está soleado)*
It's rainy	*Está lluvioso*
It's cloudy	*Está nublado*

Pero también podemos responder con un verbo:

To rain: *llover*

It is raining. / *Está lloviendo*

To snow: *nevar*

It is snowing. / *Está nevando*

What's the weather like today?
It's raining and very cold.

¿Qué tiempo hace hoy?
Está lloviendo y hace mucho frío.

Para preguntar y responder acerca de la temperatura:

What's the temperature?
Cuál es la temperatura?
32°(thirty-two degrees)
32° (treinta y dos grados)

Ejercicios

1.- Formular las preguntas para obtener las respuestas siguientes:

a) _____
These pencils are mine.

b) _____
That car is his.

2.- Completar las frases con las siguientes palabras: whose, are, this, pencil sharpener.

c) Whose dictionary is _____ ?

d) _____ are those lamps?

e) Whose _____ is that?

f) Whose shoes _____ these?

3.- ¿Cuál es la forma más frecuente de preguntar por el tiempo que hace?

_____

4.- Completar las frases con las palabras: dry, cloudy, hot, snowing.

g) It is a _____ day.

h) In the desert, the weather is _____ and _____

i) It is _____ and the streets are white.

Soluciones:

1.- **a)** Whose are these pencils?; **b)** Whose is that car? 2.- **c)** this; **d)** Whose; **e)** pencil sharpener; **f)** are; 3.- What's the weather like? 4.- **g)** cloudy; **h)** hot, dry; **i)** snowing.

97

unidad 34

1 EL IMPERATIVO
2 PREGUNTAR POR LUGARES O DIRECCIONES
3 INDICACIONES DE LUGARES
4 LOS MESES DEL AÑO – *The months of the year*
5 EJERCICIOS

EL IMPERATIVO

El imperativo es la estructura que usamos para dar órdenes o instrucciones. Se forma con el infinitivo del verbo, sin ningún pronombre delante.

Open the door!

¡Abre la puerta!

Shut up!

¡Cállate!

Sit down, please!

¡Siéntate, por favor!

Cuando se quiera dar una orden o instrucción negativa, hay que añadir **«don't»** delante del infinitivo:

Don't open the door!

¡No abras la puerta!

Don't do that!

¡No hagas eso!

Don't phone before six

No llame antes de las seis

PREGUNTAR POR LUGARES O DIRECCIONES

Para preguntar dónde se encuentra un lugar podemos decir:

Where is the post office?
¿Dónde está la oficina de correos?

Where's the bank?
¿Dónde está el banco?

Is there a school **near** here?
¿Hay una escuela cerca de aquí?

Is the shop **near** here?
¿Está la tienda cerca de aquí?

Is it **far from** here?
¿Está lejos de aquí?

Y si lo que queremos es preguntar cómo llegar a un lugar, la forma más habitual es:

How can I get to....?
¿Cómo puedo llegar a...?, ¿Cómo se va a ...?

How can I get to the city center?
¿Cómo puedo llegar al centro de la ciudad?

How can I get to the museum?
¿Cómo se va (puedo llegar) al museo?

INDICACIONES DE LUGARES

Cuando se indica cómo llegar a un lugar, se suelen utilizar las siguientes expresiones:

To **go along** the street
seguir la calle
To **go straight ahead / on**
seguir adelante / derecho
To **go across** the street
cruzar la calle
To **go / walk (up) to**...
ir hasta...
To **turn right / left**
doblar a la derecha / izquierda
To **take the second right / left**
tomar la segunda calle a la derecha / izquierda

Y se usan en imperativo:

Go straight ahead, **take** the second right, **go** across the street, **turn** left, **go** up to the square and there is the shoe shop.
Siga adelante, tome la segunda calle a la derecha, cruce la calle, doble a la izquierda, vaya hasta la plaza y allí está la zapatería.

VOCABULARIO:
LOS MESES DEL AÑO
The months of the year

January	*enero*
February	*febrero*
March	*marzo*
April	*abril*
May	*mayo*
June	*junio*
July	*julio*
August	*agosto*
September	*septiembre*
October	*octubre*
November	*noviembre*
December	*diciembre*

En inglés, los meses del año siempre se escriben con letra mayúscula.

Don't travel to Italy in **May**. Do it in **July**
No viajes a Italia en mayo. Hazlo en julio

My birthday is in **October**
Mi cumpleaños es en octubre

Ejercicios

1.- Escribir las siguientes frases en forma imperativa, siguiendo el ejemplo:
The window is closed. Mary can open it.
Open the window, Mary!

a) You aren't in bed but you can go there.

b) You never read a book but you can do it.

c) The music is playing. Peggy can dance.

2.- Convertir las frases resultantes anteriores en imperativos negativos.

d) _____

e) _____

f) _____

3.- ¿Con qué frase preguntamos cómo llegar a la escuela?

_____

4.- ¿Cómo se le indica a alguien que gire a la izquierda y cruce la calle?

_____

5.- ¿Qué meses del año …

g) …empiezan por la letra «m»?

h) …contienen la letra «e»?

_____

Soluciones:

1.- a) Go to bed!;
b) Read a book!; **c)** Dance.
Peggy! **2.- d)** Don't go to bed;
b) Don't read a book!; **c)** Don't dance.
Peggy! **3.-** How can I get to the school?
4.- Turn left and go across the street.
5.- g) March, May; **h)** February, June,
Septembe, October, November, December.

unidad 35
Contenido

1. EL PASADO SIMPLE DEL VERBO «TO BE»
2. LAS ESTACIONES DEL AÑO – *The seasons*
3. ADVERBIOS DE TIEMPO PARA EL PASADO
4. EJERCICIOS

EL PASADO SIMPLE DEL VERBO «TO BE»

Se refiere a estados o situaciones que tuvieron lugar en el pasado y ya finalizaron.

Tiene dos formas: **«was»** y **«were»**, según el sujeto.

		- De manera afirmativa es:
I	**was**	*yo era, estaba, fui, estuve*
you	**were**	*tú eras, estabas, fuiste, estuviste*
		usted era, estaba, fue, estuvo
he	**was**	*él era, estaba, fue, estuvo*
she	**was**	*ella era, estaba, fue, estuvo*
it	**was**	*(ello) era, estaba, fue, estuvo*
we	**were**	*nosotros/as éramos, estábamos, fuimos, estuvimos*
you	**were**	*vosotros/as érais, estábais, fuísteis, estuvísteis ustedes eran, estaban, fueron, estuvieron*
they	**were**	*ellos/as eran, estaban, fueron, estuvieron*

I was in Chicago in 2007
Estuve en Chicago en 2007

He was at the party
Él estuvo en la fiesta

They were ill last week
Ellos estuvieron enfermos la semana pasada.

- Para hacer frases negativas utilizaremos «**was not (wasn't)**» y «**were not (weren't)**»:

I **wasn't** there
Yo no estaba/estuve allá

You **weren't** happy / *Tú no eras feliz*

- Para preguntar colocamos «**was**» y «**were**» delante del sujeto:

Were you tired after the match?
¿Estaban ustedes cansados después del partido?

When **was** she a model?
¿Cuándo fue ella modelo?

- En respuestas cortas:

Was Linda a teacher?
¿Era Linda profesora?

Yes, she **was**	No, she **wasn't**
Sí, lo era.	*No, no lo era.*

Were they at work yesterday?
¿Estuvieron ellos en el trabajo ayer?

Yes, they **were**	No, they **weren't**
Sí	*No*

VOCABULARIO:
LAS ESTACIONES DEL AÑO
The seasons

Las estaciones del año son:

spring	*primavera*
summer	*verano*
fall	*otoño*
winter	*invierno*

En algunos países de lengua inglesa, «*otoño*» se dice «**autumn**».

In **spring** it's warm and rainy
En primavera hace un tiempo cálido y lluvioso

It was very hot last **summer**
Hizo mucho calor el verano pasado

Last **fall** we were in the USA
El otoño pasado estuvimos en los EEUU

I can ski in **winter**
Puedo esquiar en invierno

ADVERBIOS DE TIEMPO PARA EL PASADO

Cuando se expresan acciones o estados en pasado, se suelen usar los siguientes adverbios:

before			antes
yesterday			ayer
yesterday	morning		mañana
	afternoon	ayer por la	tarde
	evening		noche
in the past			en el pasado
last	night		anoche
	week		la semana pasada
	month		el mes pasado
	summer		el verano pasado
	year		el año pasado
...ago			hace...

I was in Madrid **last week**
Estuve en Madrid la semana pasada

They were here **five minutes ago**
*Ellos estaban aquí
hace cinco minutos*

He is at school now but
he was at home **before**
*Él está en la escuela ahora
pero estaba en casa antes*

Maggie and Peter weren't
there **yesterday morning**
*Maggie y Peter no estuvieron
allí ayer por la mañana*

Ejercicios

1.- Completar los espacios con el pasado del verbo «to be».

a) Where _____ you yesterday afternoon?

b) Susan _____ in Miami.

c) They _____ at school last week.

d) How _____ your grandmother?

e) _____ he a soccer player?

2.- Completar con adverbios de tiempo para el pasado.

f) I was at home _____ night.

g) Where were you two hours _____ ?

h) Laura wasn't at work _____ morning.

3.- ¿Qué estaciones del año empiezan por la letra «s»?

_____

_____

4.- ¿Qué estaciones no acaban con la letra «r»?

_____

_____

EL VERBO «TO BE BORN»

El verbo «**to be born**» (*nacer*) se usa habitualmente en pasado. De esta manera, sus formas de pasado simple son «**was born**» y «**were born**», según el sujeto que los acompañe.

I **was born** in 1980
Nací en 1980

They **weren't born** in Brazil but in Chile
Ellos no nacieron en Brasil sino en Chile

Where **were** you **born**?
¿Dónde naciste?

My daughter **was born** in the morning
Mi hija nació por la mañana

Were they **born** in that hospital?
¿Ellos nacieron en ese hospital?

Hay que recordar que, en inglés, los miles y millones se marcan con comas, y no con puntos, como en español.

VOCABULARIO:
LOS NÚMEROS (100 A 1.000.000.000)

100	*a / one hundred*
101	*one hundred one*
200	*two hundred*
248	*two hundred forty-eight*
300	*three hundred*
600	*six hundred*
785	*seven hundred eighty-five*
999	*nine hundred ninety-nine*
1,000	*a / one thousand*
1, 469	*one thousand four hundred sixty-nine*
2,000	*two thousand*
37,102	*thirty-seven thousand one hundred two*
512,928	*five hundred twelve thousand nine hundred twenty-eight*

1,000,000	*a / one million*
20,000,000	*twenty million*
345,000,000	*three hundred forty-five million*
1,000,000,000	*a / one billion*

Las palabras **«hundred»**, **«thousand»** y **«million»** siempre aparecen en singular cuando acompañan a un número.

400	four **hundred**
5,000	five **thousand**
8,000,000	eight **million**

We have 37,893 (thirty seven **thousand** eight **hundred** ninety-three) dollars in the bank.

Tenemos 37.893 dólares en el banco.

There are 256,000 (two **hundred** fifty-six **thousand**) inhabitants in this city.

Hay 256.000 habitantes en esta ciudad.

Pero pueden aparecer en plural cuando no tienen un numeral delante:

There are **hundreds** of euros on the counter.
Hay cientos de euros en el mostrador.

Thousands of people are demonstrating against the war.
Miles de personas se están manifestando contra la guerra.

A partir del año 2000 los años se suelen expresar así:

2000 **two thousand**
2007 **two thousand (and) seven**

Aunque también se puede decir:

2008 (20 08) **twenty oh eight**
2015 (20 15) **twenty fifteen**

En estos casos, el año se divide en dos cifras (los primeros dos dígitos y los dos últimos) y se leen como números cardinales, que es lo que ocurre al expresar años de siglos anteriores:

1966	(19 66)	**nineteen sixty-six**
1871	(18 71)	**eighteen seventy-one**
1603	(16 03)	**sixteen oh three**

Si las dos últimas cifras del año son dos ceros, usamos la palabra «hundred».

1700: seventeen **hundred**
1900: nineteen **hundred**

My mother was born in **1958**
(nineteen fifty-eight)
Mi madre nació en 1958

Columbus reached America in **1492**
(fourteen ninety-two)
Colón llegó a América en 1492

Ejercicios

1.- ¿Qué pregunta se formula para preguntar a alguien cuándo nació?

_____

2.- Completar con la forma correcta del verbo «to be born». Utilizar la forma afirmativa siempre que se pueda.

a) _____ he _____ in 1992?
b) I _____ in Spain but in France.
c) Her grandmother _____ in America.
d) Where _____ they _____?
e) You _____ in 1976 but in 1977.

3.- Escribir los siguientes números:

f) 32,847,901:

_____

_____

g) 12,266,034:

_____

_____

4.- Escribir los siguientes años:

h) 1703: _____

i) 1300: _____

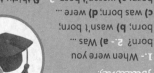
unidad 37
contenido

1 «THERE WAS» Y «THERE WERE»
2 PEDIR UN PRODUCTO EN UNA TIENDA
3 PREGUNTAR EL PRECIO
4 EJERCICIOS

«THERE WAS» Y «THERE WERE»

Ambas formas se usan para expresar el pasado de la forma impersonal «*hay*», es decir, equivalen a «*había*» y «*hubo*»

«**There was**» se usa con nombres incontables o nombres contables en singular.

There was <u>some milk</u> in the glass
Había leche en el vaso

There was <u>a bus</u> in front of the post office
Había un autobús delante de correos

There were <u>some shops</u> near my house
Había algunas tiendas cerca de mi casa

- En frases negativas se usan «**there wasn't (there was not)**» y «**there weren't (there were not)**».

There wasn't any honey
No había miel

There weren't many people at the concert
No hubo mucha gente en el concierto

- Para realizar preguntas se invierte el orden: **Was there ...?, Were there?**

Was there a car near the sidewalk?
¿Había un auto cerca de la acera?

Were there any supermarkets?
¿Había supermercados?

- Las preguntas anteriores se pueden responder afirmativa y negativamente, de forma corta:

Was there a car near the sidewalk?
Yes, there was
¿Había un auto cerca de la acera?
Sí, lo había

Were there any supermarkets?
No, there weren't.
¿Había supermercados? No, no había.

PEDIR UN PRODUCTO EN UNA TIENDA

Cuando se pide un producto en una tienda, se pueden utilizar varias estructuras:

Formal:
I'd like to have / take...
Me gustaría llevarme...

Neutra:
I'll take...
Me llevaré...

Coloquial:
I want...
Quiero...

I'd like to take some magazines
Me gustaría llevarme algunas revistas

I'll take a bottle of milk
Me llevaré una botella de leche

I want a blue dress
Quiero un vestido azul

PREGUNTAR EL PRECIO

Para preguntar el precio de algún producto usamos el interrogativo «**how much**», normalmente acompañado del **verbo «to be»** (que en este caso equivale a «*costar*»), que ha de concordar con el sujeto.

How much?
¿Cuánto?
How much is it?
¿Cuánto es?
How much is the newspaper?
¿Cuánto cuesta el periódico?
How much are they?
¿Cuánto cuestan?
How much are the potatoes?
¿Cuánto cuestan las patatas?
How much was the camera?
¿Cuánto costó la cámara?
How much were the pictures?
¿Cuánto costaban los cuadros?

Aunque no es tan frecuente, también se puede usar el verbo «to cost» *(costar)*.

How much does the car cost?
¿Cuánto cuesta el auto?

Ejercicios

1.- Completar con «there was /were», «there wasn't / weren't», o «was / were there?»

a) _____ any books on the shelf.
b) _____ some sugar on the table.
c) _____ any lamps in the house?
d) _____ a man at the door?
e) _____ some people at the bar.
f) _____ any photos in the envelope.

2.- Ordenar las palabras para formar frases.

g) to like carrots some I'd take.

_____

h) want two I oranges.

_____

3.- Preguntar el precio de:

i) the dictionaries.

_____

j) the computer.

_____

USO DE «WHY» Y «BECAUSE»

«**Why?**» es el pronombre interrogativo usado para preguntar por alguna razón. Equivale a *«¿Por qué?»*.

Why do you have a dog?
¿Por qué tienes un perro?

Why are they studying English?
¿Por qué están ellos estudiando inglés?

Para responder a estas preguntas o bien cuando se quiera expresar un motivo, se usa «**because**». Es el equivalente a *«porque»*.

Why do you have a dog?
Because I like animals very much.
¿Por qué tienes un perro?
Porque me gustan mucho los animales.

They are studying English **because** they want to speak it perfectly.
Ellos están estudiando inglés porque quieren hablarlo perfectamente.

EL VERBO «TO LIKE»

El verbo «**to like**» significa *«gustar»*, pero en español usamos un objeto indirecto delante de él (<u>me</u> gusta, <u>te</u> gusta, etc.), y en inglés lo hacen los pronombres sujeto.

I **like** <u>chocolate</u>.
Me gusta el chocolate.

Does she **like** <u>black coffee</u>?
¿A ella le gusta el café solo?

They don't **like** <u>meat</u>.
A ellos no les gusta la carne.

Este verbo puede ir acompañado de un nombre, como en los ejemplos anteriores, o de un verbo. En este caso, al referirnos a una actividad en general, usamos el verbo en gerundio.

I **like** <u>dancing</u>
Me gusta bailar.

Do you **like** <u>skiing</u>?
¿Te gusta esquiar?

They don't **like** <u>watching TV</u>
A ellos no les gusta ver la televisión

El verbo «**to like**», cuando se usa en la pregunta «**Would you like …?**» (*¿Te gustaría…?, ¿Quieres…?*) puede ir también precediendo a un nombre o a un verbo. En este último caso, el verbo se expresaría en infinitivo (con «to»).

cooking	*cocinar*
reading	*leer*
fishing	*pescar*
gardening	*jardinería*
hiking	*senderismo*
painting	*pintar*
stamp collecting	*coleccionar sellos*
writing	*escribir*
listening to music	
escuchar música	
surfing the internet	
navegar por internet	
playing an instrument	
tocar un instrumento	
walking	*pasear*

Would you like a cake?

¿Quieres un pastel?

Would you like some wine?

¿Quieres vino?

Would you like <u>to dance</u>?

¿Te gustaría bailar?

Would you like <u>to speak</u> Chinese?

¿Te gustaría hablar chino?

Why do you have a guitar?
Because I **play the guitar** in a band.
¿Por qué tienes una guitarra?
Porque toco la guitarra en un grupo.

Does she like **surfing the internet**?
¿Le gusta a ella navegar por internet?

Would you like **to cook**
the chicken for us?
I don't like **cooking**.
¿Te gustaría cocinar el
pollo para nosotros?
No me gusta cocinar.

Ejercicios

1.- Ordenar las palabras para formar frases.

a) can't to beach go why you the ?

_____

b) don't a have car because I.

_____

2.- Completar con la forma correcta del verbo «to like».

c) They don't _____ walking.

d) _____ you _____ to go to the movies?

e) _____ you _____ living in New York?

f) She _____ soccer.

3.- Usar el infinitivo o el gerundio del verbo entre paréntesis, según corresponda.

g) Would you like _____ (study) German?

h) My sister likes _____ (swim).

i) Would you like _____ (play) the piano?

j) Do they like _____ (listen) to the radio?

The solutions are printed upside down.

Soluciones:

1.- a) Why can't you go to the beach?; **b)** Because I don't have a car. **2.- c)** like; **d)** Would ..... like; **e)** Do ... like; **f)** likes. **3.- g)** to study; **h)** swimming; **i)** to play; **j)** listening.

unidad 39

contenido

1 EL PASADO SIMPLE DE LOS VERBOS REGULARES (FORMA AFIRMATIVA)
2 LUGARES Y EDIFICIOS – *Places and buildings*
3 EJERCICIOS

EL PASADO SIMPLE DE LOS VERBOS REGULARES (FORMA AFIRMATIVA)

Un verbo es regular cuando su pasado y su participio se forman añadiendo **«-ed»** al infinitivo del verbo.

En pasado tienen una única forma para todas las personas.

[To clean: *limpiar*]		
I	**cleaned**	yo limpié, limpiaba
you	**cleaned**	tú limpiaste, limpiabas
		usted limpió, limpiaba
he	**cleaned**	él limpió, limpiaba
she	**cleaned**	ella limpió, limpiaba
it	**cleaned**	limpió, limpiaba
we	**cleaned**	nosotros/as limpiamos, limpiáamos
you	**cleaned**	vosotros/as limpiásteis, limpiábais, ustedes limpiaron, limpiaban
they	**cleaned**	ellos/as limpiaron, limpiaban

110

Para formar el pasado de un verbo regular:

a) La regla general es añadir «-ed» al infinitivo del verbo: work-worked.

I **worked** for that company
Yo trabajé para esa compañía

b) Si el infinitivo acaba en «e», sólo se añade «d»: live-lived.

She **lived** in London
Ella vivió/vivía en Londres

c) Cuando el infinitivo acaba en «y»:

- Si la «y» tiene delante una vocal, se añade «ed»: play-played.

They **played** basketball
Ellos jugaron/jugaban al baloncesto

- Si la «y» tiene delante una consonante, cambia a «i» y se añade «ed»: study-studied.

We **studied** for the test
Nosotros estudiábamos para el examen

d) Si el infinitivo acaba en la serie de letras «consonante-vocal-consonante» y la última sílaba es la acentuada, antes de añadir «-ed» se dobla la última consonante: plan-planned.

I **planned** my vacations last month
Planeé mis vacaciones el mes pasado

Hay que tener en cuenta que la «w» se considera semiconsonante, por lo que no hace duplicar la última letra: snow – snowed.

It **snowed** a lot last month
Nevó mucho el mes pasado

e) Pero si el infinitivo acaba en «consonante-vocal-consonante» y la última sílaba no recibe el acento, sólo se añade «ed»: visit-visited.

I **visited** my aunt last week
Visité a mi tía la semana pasada

VOCABULARIO:
LUGARES Y EDIFICIOS
Places and buildings

bank	*banco*
school	*escuela*
park	*parque*
church	*iglesia*
airport	*aeropuerto*
bus station	*estación de autobuses*
train station	*estación de trenes*
repair shop	*taller*
hospital	*hospital*
hotel	*hotel*
museum	*museo*
art gallery	*galería de arte*
police station	*comisaría*
post office	*oficina de correos*
mall	*centro comercial*
library	*biblioteca*
gas station	*gasolinera*
movie theater	*cine*
fire station	*parque de bomberos*
supermarket	*supermercado*

We lived near the **police station**.
Nosotros vivíamos cerca de la comisaría.

They walked up to the **bus station** yesterday.
Ellos caminaron hasta la estación de autobuses ayer.

I stayed at a **hotel** when I visited my family.
Me quedé en un hotel cuando visité a mi familia.

Ejercicios

1.- ¿Cuál es el pasado simple de estos verbos?

a) to answer *(responder)* _____

b) to change *(cambiar)* _____

c) to stop *(parar)* _____

d) to cry *(llorar, gritar)* _____

2.- Usar el pasado simple de los verbos siguientes: to enjoy *(disfrutar)*, to fail *(suspender)*, to remember *(recordar)*, to close *(cerrar)*.

e) She _____ the exams at school.

f) They _____ at the party.

g) I _____ that art gallery.

h) The museum _____ at 05:00.

3.- ¿En qué lugar se reposta gasolina?

_____

4.- ¿Dónde se pueden leer, consultar o pedir libros en préstamo?

_____

Soluciones:

1.- a) answered; **b)** changed; **c)** stopped; **d)** cried. **2.- e)** failed; **f)** enjoyed; **g)** remembered; **h)** closed. **3.-** gas station. **4.-** library.

112

unidad 40

1 EL PASADO SIMPLE DE LOS VERBOS REGULARES (FRASES NEGATIVAS Y PREGUNTAS)
2 ADVERBIOS DE LUGAR
3 ADJETIVOS PARA DESCRIBIR LUGARES Y CIUDADES
4 EJERCICIOS

EL PASADO SIMPLE DE LOS VERBOS REGULARES (FRASES NEGATIVAS Y PREGUNTAS)

a) Para hacer frases negativas en pasado usamos el auxiliar **«did not (didn't)»**, que acompañará al **verbo en infinitivo** (no en pasado) para todas las personas:

forma afirmativa
She **answered** the question.
Ella respondió la pregunta.

forma negativa
She **didn't answer** the question.
Ella no respondió la pregunta

forma afirmativa
Leo **wanted** an ice-cream
Leo quería un helado

forma negativa
Leo **didn't want** an ice-cream.
Leo no quería un helado.

My mother **didn't live** in the USA.
Mi madre no vivía/vivió en los EEUU.

They **didn't work** in the morning.
Ellos no trabajaron/trabajaban por la mañana.

I **didn't open** the window.
Yo no abrí la ventana.

b) Para realizar preguntas se utiliza **«did»** delante del sujeto y del **verbo en infinitivo** (no en pasado):

forma afirmativa
They **cleaned** their rooms.
Ellos limpiaron sus habitaciones.

forma interrogativa
Did they **clean** their rooms?
¿Limpiaron ellos sus habitaciones?

forma afirmativa
She **listened** to me.
Ella me escuchó.

forma interrogativa
Did she **listen** to me?
¿Ella me escuchó?

Did you **travel** to Europe last year?
¿Viajaste a Europa el año pasado?

When **did** she **visit** her family?
¿Cuándo visitó ella a su familia?

Why **did** Peter **stop** the car?
¿Por qué detuvo Peter el auto?

c) «Did» y «didn't» se usan también en respuestas cortas:

Did you like the film?
¿Te gusto la película?

Yes, I **did**
Sí, me gustó

No, I **didn't**
No, no me gustó

ADVERBIOS DE LUGAR

Estos adverbios nos indican dónde tiene lugar la acción. En diversas unidades han aparecido algunos de ellos. A continuación se estudian algunos más.

over here	*por aquí*
over there	*por allí*
up, upstairs	*arriba*
down, downstairs	*abajo*
near, nearby	*cerca*
far (away)	*lejos*
out, outside	*fuera, afuera*
in, inside	*dentro, adentro*
in front	*delante*
behind	*detrás, atrás*
around	*alrededor*

The cat is **over there**.
El gato está por allí.

Maureen lives **downstairs**.
Maureen vive abajo.

The school isn't **near here**. It's very **far**.
La escuela no está cerca de aquí. Está muy lejos.

The girls are **outside** but the boys are **inside**.
Las chicas están fuera pero los chicos están dentro.

VOCABULARIO: ADJETIVOS PARA DESCRIBIR LUGARES Y CIUDADES

ugly	*feo*
clean	*limpio*
dirty	*sucio*
new	*nuevo*
nice, lovely, beautiful	*bonito*
old	*antiguo*
modern	*moderno*
horrible	*horrible*
big, large	*grande*
small	*pequeño*
expensive	*caro*
cheap	*barato*
interesting	*interesante*
boring	*aburrido*
comfortable	*cómodo*
uncomfortable	*incómodo*
crowded	*abarrotado*
deserted	*desierto*
historic	*histórico*
cosmopolitan	*cosmopolita*

This is the **new** library.
The **old** one is near.
Ésta es la nueva biblioteca.
La antigua está cerca.

London is a **modern** city, but very **expensive**.
Londres es una ciudad moderna, pero muy cara.

These streets are **crowded** but others are **deserted**.
Estas calles están abarrotadas pero otras están desiertas.

Ejercicios

1.- Convertir las frases afirmativas en negativas.

a) We visited a beautiful city.

b) They cleaned the streets.

c) I liked crowded places.

d) She lived in a historic village

2.- Convertir las frases en preguntas.

e) You watched an interesting match.

f) Luke closed the door

g) They traveled to Africa last year

h) She danced salsa.

3.- ¿Qué adverbio es el opuesto a «inside»?

4.- ¿Qué adverbio es el opuesto a «downstairs»?

unidad **41**

EL PASADO SIMPLE DE LOS VERBOS IRREGULARES

Un verbo es irregular cuando su pasado, su participio, o ambos, no se forman añadiendo «ed» al infinitivo del verbo. Son muchos los verbos que son irregulares en inglés y cada uno con un tipo de irregularidad, por lo que la única regla para aprenderlos será practicarlos y memorizarlos.

a) Para usarlos de forma afirmativa, se toma el verbo en pasado y éste es igual para todas las personas:

[To go: *ir* - pasado: *went*]

We **went** to the theater last month.
Fuimos al teatro la semana pasada.

She **went** to Paris in November.
Ella fue a París en noviembre.

I **went** to bed late.
Me fui a la cama tarde.

[To buy: *comprar* - pasado: *bought*]

My parents **bought** a new car.
Mis padres compraron un auto nuevo.

115

[to break: *romper* - pasado: *broke*]

I **broke** the vase.
Yo rompí el jarrón.

[to have: *tener* - pasado: *had*]

She **had** three children.
Ella tuvo tres hijos.

[to eat: *comer* - pasado: *ate*]

Our dog **ate** its food.
Nuestro perro se comió su comida.

b) En **frases negativas**, al igual que con los verbos regulares, se usan **«didn't»** y el **infinitivo del verbo**:

My parents **didn't buy** a new car.
*Mis padres no compraron
un auto nuevo.*

I **didn't break** the vase.
Yo no rompí el jarrón.

She **didn't have** three children.
Ella no tuvo tres hijos.

Our dog **didn't eat** its food.
*Nuestro perro no
comió su comida.*

c) Para hacer **preguntas** se utiliza **«did»** delante del sujeto y del **verbo en infinitivo**:

Did you **see** Tom?
¿Viste a Tom?

Did they **write** that article?
¿Escribieron ellos ese artículo?

What **did** he **do**?
¿Qué hizo él?

Where **did** we **buy** the computer?
¿Dónde compramos la computadora?

d) En respuestas cortas:

Did you read the newspaper yesterday?
¿Leíste el periódico ayer?

Yes, I **did.** / *Sí.*   No, I **didn't.** / *No.*

train	*tren*
subway	*metro*
bus	*autobús*
coach	*autocar*
station	*estación*
ticket counter	*mostrador*
ticket window	*ventanilla*
line	*cola*
departure	*salida*
arrival	*llegada*
departure / arrival board	*tablero de salidas / llegadas*
platform, track	*andén, vía*
passenger	*pasajero*

tunnel	*túnel*
ticket	*billete*
one way ticket	*billete de ida*
round ticket	*billete de ida y vuelta*
luggage, baggage	*equipaje*
suitcase	*maleta*
bag	*bolsa*
backpack	*mochila*
train schedule	*horario de trenes*
seat	*asiento*
cart	*carrito*
left-luggage office	*consigna*

Can I have a **round ticket** to Miami, please?
¿Me da un billete de ida y vuelta a Miami, por favor?

The **passengers** had a lot of **luggage**.
Los pasajeros tenían mucho equipaje.

I took a **cart** to carry my **suitcases**.
Cogí un carrito para llevar mis maletas.

Ejercicios

1.- Usar el pasado simple (forma afirmativa) de los siguientes verbos

a) I _____ a one way ticket to New York. [to buy *(comprar)*]

b) She _____ me on track 2. [to see *(ver)*]

c) They _____ a backpack and two suitcases. [to have *(tener)*]

2.- Transformar las frases del ejercicio 1 a frases negativas.

d) _____

e) _____

f) _____

3.- Transformar las frases del ejercicio 1 a frases interrogativas.

g) _____

h) _____

i) _____

4.- ¿Qué nombre recibe el lugar donde se sientan las personas en un tren?

_____

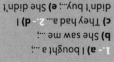

Soluciones:
1.- a) I bought a ...;
b) She saw me ...;
c) They had a... **2.- d)** I didn't buy...; **e)** She didn't see...; **f)** They didn't have... **3.- g)** Did I buy ...?; **h)** Did she see ...? **i)** Did they have ...? **4.-** seat.

USO DE «USED TO»

«Used to» se usa para expresar hábitos y estados en el pasado. Siempre acompaña a un infinitivo. Es el equivalente a *«solía, solías, etc.»*, aunque a veces no se traduzca. Tiene una forma invariable para todas las personas.

Hábito: { I **used to** play basketball. *Yo solía jugar al baloncesto.*

Estado: { They **used to** live in Los Angeles. *Ellos vivían en Los Ángeles.*

My father **used to** do the washing-up.
Mi padre solía lavar los platos.

Tom and Mike **used to** meet on Sundays.
Tom y Mike se solían reunir los domingos.

La forma negativa es **«didn't use to + infinitivo».**

She **didn't use to** read that magazine.
Ella no solía leer esa revista.

We **didn't use to** go dancing.
No solíamos ir a bailar.

En preguntas, «**did + sujeto use to + infinitivo?**».

Did you **use to** go to bed late?
¿Solías acostarte tarde?

Did they **use to** visit their parents?
¿Solían ellos visitar a sus padres?

Y en respuestas cortas:

Did she use to listen to the radio?
Yes, she did.
¿Solía ella escuchar la radio? Sí.

Did you use to take photographs?
No, I didn't.
¿Solías tomar fotos? No.

ADJETIVOS TERMINADOS EN «-ED» Y EN «-ING»

En inglés existe una serie de adjetivos que tienen la misma base, pero una terminación distinta. Unos acaban en «**-ed**» y otros en «**-ing**».

a) Se usan los terminados en «**-ed**» cuando se describe cómo se siente alguien.

bored	*aburrido*
worried	*preocupado*
interested	*interesado*
tired	*cansado*
surprised	*sorprendido*

She is **bored**.
Ella está aburrida.

I'm **interested** in history.
Estoy interesado en la historia.

My mother is **worried**.
Mi madre está preocupada.

Are you **tired**?
¿Estás cansado?

b) Se usan los terminados en «**-ing**» cuando se describan cosas, personas, situaciones, etc.

boring	*aburrido*
worrying	*preocupante*
interesting	*interesante*
tiring	*cansado*
surprising	*sorprendente*

This movie is very **interesting**.
Esa película es muy interesante.

The news is **worrying**.
La noticia es preocupante.

The journey was very **tiring**.
El viaje fue muy cansado.

119

Por lo tanto se puede decir:

I am **bored** because this program is **boring**.
Estoy aburrido porque este programa es aburrido.

We are **worried** because our situation is **worrying**.
Estamos preocupados porque nuestra situación es preocupante.

He is **surprised** because the result was **surprising**.
Él está sorprendido porque el resultado fue sorprendente.

Otros adjetivos son:

annoyed	*enfadado*
annoying	*molesto*
embarrassed	*avergonzado*
embarrassing	*embarazoso*
frightened	*aterrado*
frightening	*aterrador*
excited	*emocionado*
exciting	*emocionante*
exhausted	*agotado*
exhausting	*agotador*

Ejercicios

1.- Ordenar las palabras para formar oraciones.

a) to didn't we Japanese study use.
_____

b) they to use did tennis play ?
_____

c) used cycling to she go everyday.
_____

2.- Usar los adjetivos que correspondan.

d) That situation was _____ (embarrassed, embarrasing).

e) I'm _____ because the tennis match was _____ (exhausted, exhausting).

f) That book is _____ (bored, boring).

g) Isn't it an _____ film? (excited, exciting).

h) I have a _____ job. I'm always _____ (tired, tiring).

i) You were _____ because that noise was _____ (annoyed, annoying).

j) I'm _____ in getting a good job. (interested, interesting).

Soluciones:
1.- a) We didn't use to study Japanese; **b)** Did they use to play tennis?; **c)** She used to go cycling everyday. **2.- d)** embarrassing; **e)** exhausted, exhausting; **f)** boring; **g)** exciting; **h)** tiring, tired; **i)** annoyed, annoying; **j)** interested.

120

unidad 43

contenido

1 EXPRESAR OBLIGACIÓN: LOS VERBOS «MUST» Y «HAVE TO»
2 TAREAS DOMÉSTICAS – *Household chores (housework)*
3 EJERCICIOS

EXPRESAR OBLIGACIÓN: LOS VERBOS «MUST» Y «HAVE TO»

«**Must**» (*deber*) y «**have to**» (*tener que*) expresan obligación. A veces se pueden usar indistintamente, aunque existen ciertas diferencias. Siempre preceden a un infinitivo.

- «**Must**» se usa cuando el hablante tiene «autoridad» sobre el oyente y sólo se utiliza en presente. Como es un verbo modal, tiene una forma para todas las personas.

You **must** study hard.
Debéis estudiar mucho.
(El profesor a los alumnos)

You **must** take this pill.
Usted debe tomar esta píldora.
(El médico al paciente).

- «**Have to**» se utiliza para comunicar una obligación, sin imponerla y puede aparecer en pasado (had to), presente (have to) y futuro (will have to).

I **have to** do my homework.
Tengo que hacer mis deberes.

He **has to** straighten up his room.
Él tiene que ordenar su habitación.

- En preguntas, «must» invierte el orden con el sujeto, pero «have to» necesita del auxiliar «do / does / did».

Must you leave now?
¿Debes irte ahora?

Do you **have to** leave now?
¿Tienes que irte ahora?

- En frases negativas estos verbos son muy diferentes:

«**Mustn't**» implica prohibición, es decir, no poder hacer algo.

You **mustn't** smoke in this place.
No puede fumar en este lugar.

«**Don't / doesn't have to**» implica falta de obligación, es decir, que algo no es necesario.

I **don't have to** get up early on Sundays.
No tengo que levantarme temprano los domingos.

to make the meal	*hacer la comida*
to wash the dishes	*lavar los platos*
to sweep the floor	*barrer el suelo*
to mop the floor	*fregar el suelo*

to make the bed
hacer la cama

to vacuum the floor
pasar la aspiradora al suelo

to iron the clothes
planchar la ropa

to take the garbage out
sacar la basura

to straighten up the room
ordenar la habitación

Al referirnos a las actividades, muchas de ellas se expresan con el verbo «to do»:

to do

the cleaning
hacer la limpieza

the washing
hacer la colada, lavar la ropa

the washing-up
lavar los platos

the shopping
hacer la compra

the ironing
planchar

the vacuuming
pasar la aspiradora

My mother **makes the meal** but I have to **wash the dishes**.
Mi madre hace la comida pero yo tengo que lavar los platos.

I **make my bed** and **straighten up my bedroom** before leaving home.
Yo hago mi cama y ordeno mi dormitorio antes de salir de casa.

You must **do the ironing** before **mopping the floor**.
Tienes que planchar antes de fregar el suelo.

Can you **take the garbage out**, please?
¿Puedes sacar la basura, por favor?

She hates **ironing**.
Ella odia planchar.

Ejercicios

1.- Completar las frases con «must» o «have to».

a) I _____ be at the conference at 10.

b) You _____ eat that sandwich, daughter.

c) She _____ do the vacuuming.

d) «You _____ do that exercise», the teacher said.

e) _____ they _____ work?

2.- Corregir las frases que lo precisen:

f) We moped the floor yesterday morning.

_____

g) I do my bed everyday.

_____

h) Do you have to vacum the floor?

_____

i) They didn't straightened up their room.

_____

j) I wash the dishes on Mondays, Wednesdays and Fridays.

_____

EL VERBO «COULD»

«Could» es un verbo modal, pasado simple del verbo **«can»**. Se usa para expresar habilidad en el pasado, posibilidad, así como para realizar sugerencias o peticiones. También se utiliza como condicional de dicho verbo (*podría, podrías, etc.*).

- Habilidad en el pasado:

I **could** read when I was five years old.
Yo sabía leer cuando tenía cinco años.

- Posibilidad:

He **could** win the prize.
Puede que él gane el premio.

- Sugerencias:

You **could** buy that car.
Podrías comprar ese auto.

- Peticiones:

Could you repeat that, please?
¿Podría repetir eso, por favor?

- Condicional:

They **could** go to the concert if they had the tickets.
Ellos podrían ir al concierto si tuvieran las entradas.

EXPRESAR PETICIONES

Como ya se ha visto, cuando se quiera pedir o solicitar algo usamos «**can**» y «**could**». «**Can**» se usará en una situación más informal y «**could**» en otra más formal.

Can I speak to Jane?
¿Puedo hablar con Jane?

Could you spell your name, please?
¿Podría deletrear su nombre, por favor?

Para responder a estas preguntas afirmativamente, podemos decir:

a) De una manera informal:
«**Sure**» *(claro)*, «**OK**», «**Yes**»…

- **Can** you open the door, please?
¿Puedes abrir la puerta, por favor?

- **Sure**. / *Claro.*

b) De una manera formal: «**Of course**» *(por supuesto)*, «**Certainly**» *(claro)*…

- **Could** I speak to Mr. Jones, please?
¿Podría hablar con el Sr. Jones, por favor?

- **Certainly**. / *Claro.*

Otra forma de expresar una petición formal es por medio de «**I would like to + infinitivo**» *(quisiera, me gustaría)*. En este caso no se realiza una pregunta, sino que se trata de una oración afirmativa. Esta expresión se suele utilizar de forma contraída: «**I'd like to + infinitivo**».

I'd like to <u>take</u> those apples, please.
Quisiera (me gustaría) llevarme esas manzanas, por favor.

I'd like to <u>have</u> a meeting with him.
Quisiera tener una reunión con él.

airline	*línea aérea*
flight	*vuelo*

domestic/international flight
vuelo nacional/internacional

check-in	*facturación*

check-in counter
mostrador de facturación

boarding	*embarque*
boarding pass	*tarjeta de embarque*
passport	*pasaporte*
departure lounge	*sala de embarque*
gate	*puerta*

baggage reclaim
reclamación de equipaje

cart	*carrito*
customs	*aduana*
to take off	*despegar*

take-off	*despegue*
to land	*aterrizar*
landing	*aterrizaje*
pilot	*piloto*
flight attendant	*auxiliar de vuelo*
delay	*retraso*
delayed	*retrasado*

Could I have your **passport**, please?
*¿Puede mostrarme el
pasaporte, por favor?*

I'd like to know why the plane is **delayed**.
*Quisiera saber por qué el
avión tiene retraso.*

Ejercicios

1.- Pedirle informalmente a alguien que:

a) cierre la puerta

_____

b) haga sus deberes

_____

c) compre el periódico

_____

2.- Pedirle formalmente a alguien que:

d) muestre su tarjeta de embarque

_____

e) vaya al mostrador de facturación

_____

f) escuche al auxiliar de vuelo

_____

3.- Ordenar las palabras para formar frases:

g) swim she when she four was could.

_____

h) come couldn't he home.

_____

i) you could him phone please ?

_____

j) her couldn't they see.

_____

USO DE «LET'S + INFINITIVO»

En la unidad 34 se trata el imperativo cuando implica una orden hacia otras personas, pero también es posible que uno mismo se incluya en la orden. En este caso se usa **«let's (let us) + infinitivo»**. En ocasiones puede considerarse como una sugerencia.

Let's play chess.
Juguemos al ajedrez.

Let's study English.
Estudiemos inglés.

Let's go to the movies this evening.
Vayamos al cine esta tarde.

El tratamiento formal para dirigirse a las personas es:

Mr (Mister):
(Sr./Señor) se usa para hombres.

Mrs (Misses):
(Sra./Señora) se usa para mujeres casadas.

Miss:
(Srta./Señorita) se usa para mujeres solteras.

Ms:
(Sra. o Srta.) se usa para mujeres sin especificar su estado civil.

Estos tratamientos se usan seguidos del apellido o nombre y apellido de la persona (éste último es menos formal).

Good morning, **Mr.** <u>Gates</u>!
¡Buenos días, Sr. Gates!

I saw **Mrs.** <u>Reley</u> yesterday.
Vi a la Sra. Reley ayer.

The winner is **Miss** <u>Joan Murphy</u>.
La ganadora es la Srta. Joan Murphy.

VOCABULARIO:
MEDIOS DE TRANSPORTE
– Means of transport

bicycle, bike	*bicicleta*
motorcycle	*moto(cicleta)*
streetcar	*tranvía*
train	*tren*
subway	*metro*
bus	*autobús*
coach	*autocar*
car	*auto(móvil)*
taxi, cab	*taxi*
van	*furgoneta*
truck	*camión*
plane	*avión*
helicopter	*helicóptero*
ship	*barco*
boat	*barco, barca*
to ride a bike	*montar en bicicleta*
to drive a car	*conducir un auto*
to catch / take a bus	*tomar un autobús*

to get in(to) a car
montarse en un auto

to get out of a car
bajarse de un auto

to get on(to) a bus/train/plane
subirse al autobús/tren/avión

to get off a bus/train/plane
bajarse del autobús/tren/avión

Ms Evans never **drives her car**.
She always **takes a bus**.
La Srta. Evans nunca conduce su auto.
Ella siempre coge un autobús.

LA PREPOSICIÓN «BY» CON MEDIOS DE TRANSPORTE

Para referirse al medio de transporte que se utiliza, se hace uso de la preposición «by».

I go to work **by bus**.
Voy al trabajo en auto.

They always travel **by train**.
Ellos siempre viajan en tren.

How often do you travel **by plane**?
¿Con qué frecuencia viajas en avión?

Pero se usa «**on**» en el caso «**on foot**» (*a pie*).

Mrs. O'Hara never goes to school **on foot**.
La Sra. O'Hara nunca va a la escuela a pie.

LAS PREPOSICIONES «IN» Y «ON» CON MEDIOS DE TRANSPORTE

«**In**» y «**on**» son preposiciones que también se usan con medios de transporte, para expresar que alguien se encuentra en ellos.

«**In**» se usa cuando se trate de un auto y «**on**» al tratarse de un autobús, tren, barco o avión.

The kids are **in** the car.
Los niños están en el auto.

The driver wasn't **on** the bus.
El conductor no estaba en el autobús.

Ejercicios

1.- ¿De qué forma nos impondríamos comprar un billete de tren?

_____

2.- ¿Cuál es el tratamiento formal para un señor?

_____

3.- Completar los espacios con la preposición correcta (in, on, by).

a) Mr. Wilson was _____ the plane.

b) Does Ms Kelly go to the supermarket _____ foot?

c) We sometimes go downtown _____ cab.

d) Those documents are _____ the car.

e) They usually travel _____ plane.

f) Was Mrs. Taylor _____ the train when you phoned her?

4.- ¿Qué verbo usamos para expresar...

g) ...subirse a un tren? _____

h) ...bajarse de un auto? _____

128

LOS PRONOMBRES INDEFINIDOS

Los pronombres indefinidos son los que utilizamos cuando nos referimos a personas, cosas y lugares, pero sin precisar o identificar los mismos.

En esta unidad se tratarán los formados combinando

some		body
any	con	one
every		thing
no		where

Los compuestos con «**body**» y «**one**» son sinónimos y se refieren a personas, con «**thing**» a cosas y con «**where**» a lugares.

a) Los compuestos de «**some**» se utilizan en frases afirmativas.

somebody, someone
alguien
something
algo
somewhere
en algún lugar

There's **someone** at the door.
Hay alguien en la puerta.

I have **something** in my pocket .
Tengo algo en mi bolsillo.

She left her watch **somewhere**.
Ella dejó su reloj en algún lugar.

b) «**Any**», como sus compuestos, se usan en frases negativas y en preguntas:

en frases negativas	
anybody, anyone	*nadie*
anything	*nada*
anywhere	*en ningún lugar*

en preguntas	
anybody, anyone	*alguien*
anything	*algo*
anywhere	*en algún lugar*

Is there **anybody** at home?
¿Hay alguien en casa?

I don't have **anything**.
No tengo nada.

I can't find my wallet **anywhere**.
No encuentro mi billetera en ningún lugar.

c) «Every» y sus compuestos implican un sentido de totalidad y se utilizan en frases afirmativas, negativas y en preguntas:

everybody, everyone
todos, todo el mundo
everything
todo, todas las cosas
everywhere
en todos los lugares, por todos sitios

Did e**verybody** come to the party?
¿Todos vinieron a la fiesta?

I didn't tell you **everything**.
No te lo dije todo.

There are people **everywhere**.
Hay gente por todos sitios.

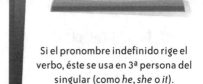

Si el pronombre indefinido rige el verbo, éste se usa en 3ª persona del singular (como *he*, *she* o *it*).

Somebody **is** there.
Alguien está allí.

Everybody **sleeps** at night.
Todo el mundo duerme por la noche.

There **isn't** anyone at home.
No hay nadie en casa.

EXPRESIONES DE DISCULPA

Se utiliza «**Excuse me**» (*disculpe*) antes de pedir información o ayuda y cuando se vaya a ocasionar alguna molestia.

Se usa «**Sorry**» o «**I'm sorry**» (*perdone/lo siento*) cuando se haya ocasionado alguna molestia, aunque en inglés americano se suele usar también «**Excuse me**».

-**Excuse me.** Are you Miss Duffy?
-Perdone. ¿Es usted la Srta. Duffy?

-No, I'm not. I'm Mrs Black.
-No, no lo soy. Soy la Sra. Black.

-Oh, **sorry**! / *-Oh, perdone.*

d) «No» y sus compuestos son sinónimos de «any» y los suyos, cuando éstos se usan en frases negativas, pero los compuestos de «no» aparecen en frases afirmativas.

nobody, no-one	*nadie*
nothing	*nada*
nowhere	*(en) ningún lugar*

I saw **nothing** there =
I didn't see anything there
No vi nada allí.

Nobody came to the party.
Nadie vino a la fiesta.

Nowhere is safe.
Ningún lugar es seguro.

También se dice «**I'm sorry**» cuando no se puede ayudar a alguien (por ejemplo, le preguntan por una dirección y no la conoce).

Ejercicios

1.- Completar los espacios con el pronombre indefinido correspondiente.

a) Is there _____ in the box? (anything, everywhere, something)

b) _____ can do it. (something, nobody, anything)

c) I like _____ (anywhere, everything, anybody)

d) She spent the night _____ near the beach. (nothing, everywhere, somewhere)

e) There isn't _____ at work. (somebody, nobody, anybody)

2.- Ordenar las palabras para formar frases.

f) somewhere saw it I.

_____

g) at nobody was home.

_____

h) what me is excuse time it ?

_____

i) go anywhere your didn't sister.

_____

j) there in was anybody house the?

_____

Soluciones:

1.- a) anything; **b)** Nobody; **c)** everything; **d)** somewhere; **e)** anybody.
2.- f) I saw it somewhere; **g)** Nobody was at home; **h)** Excuse me, what time is it?; **i)** Your sister didn't go anywhere; **j)** Was there anybody in the house?

---

unidad 47

contenido

1 EL VERBO «TO GET»
2 LOS NÚMEROS ORDINALES
   – Ordinal numbers
3 EJERCICIOS

EL VERBO «TO GET»

El verbo «to get» se emplea en diferentes situaciones, y, a veces, puede resultar confuso. A continuación se muestran algunos de los significados más frecuentes de este verbo.

a) Obtener, conseguir.

I **get** my meat from the supermarket.
Consigo la carne en el supermercado.

b) Recibir.

She **got** a letter yesterday.
Ella recibió una carta ayer.

c) Hacerse, convertirse, transformarse.

We **are getting** older.
Nos estamos haciendo mayores.

d) Tomar, coger.

We **got** the bus this morning.
Esta mañana tomamos el autobús.

e) Llegar.

They didn't **get** home before six.
Ellos no llegaron a casa antes de las seis.

f) Traer, ir a por.

Can you **get** me those books, please?
¿Puedes traerme esos libros, por favor?

Los tres primeros números ordinales son los siguientes:

1º primer(o)	1st	fir**st**
2º segundo	2nd	seco**nd**
3º tercer(o)	3rd	thi**rd**

En la abreviatura de los números ordinales aparece la cifra y las dos últimas letras del ordinal, escrito en letra. A partir del número cuatro, el ordinal se forma a partir del número cardinal, añadiéndole «th»: **número + th**.

4º cuarto	4th	four**th**
5º quinto	5th	fif**th**
6º sexto	6th	six**th**
10º décimo	10th	ten**th**
12º duodécimo	12th	twelf**th**
20º vigésimo	20th	twentie**th**

Pero existen ligeros cambios en algunos números:

five	▶	fifth
eight	▶	eighth
nine	▶	ninth
twelve	▶	twelfth
twenty	▶	twentieth

Las decenas seguirán el modelo «-ieth»:

30th ▶ thirt<u>ieth</u>   80th ▶ eight<u>ieth</u>

En números compuestos por decena y unidad, sólo cambia a ordinal la unidad:

21**st**	twenty-fir**st**
32**nd**	thirty-seco**nd**
63**rd**	sixty-thi**rd**
85**th**	eighty-fif**th**

Usos de los números ordinales:

a) Expresan el orden en que sucede algo o la ubicación de las cosas:

This is my **second** flight to New York.
Este es mi segundo vuelo a Nueva York.

Today is her **74ᵗʰ** anniversary.
Hoy es su 74º aniversario.

Take the **first** right and go ahead.
*Doble la primera (calle)
a la derecha y siga recto.*

b) Con ellos indicamos las plantas de un edificio:

My aunt lives on the **ninth** floor.
Mi tía vive en el noveno piso.

c) Para decir las fechas (en español se usan los números cardinales):

The meeting is on January, **16ᵗʰ**.
La reunión es el 16 de enero.

Her birthday is on November, **21ˢᵗ**.
Su cumpleaños es el 21 de noviembre.

The course starts on September, **12ᵗʰ**.
El curso empieza el 12 de septiembre.

Aunque no se escriba, al leer la fecha se ha de usar el artículo «**the**» delante del número del día.

Ejercicios

1.- Sustituir el verbo por el tiempo correspondiente del verbo «to get».

a) I'm becoming nervous.

_____

b) She arrived in Chicago very late

_____

c) Did you receive a parcel?

_____

d) He had good results in his exams.

_____

e) She didn't bring that dictionary.

_____

2.- Escribir en letra los siguientes números ordinales:

f) 55th _____

g) 29th _____

h) 43rd _____

3.- Corregir los errores en las siguientes frases:

i) The office is on the twelveth floor.

_____

j) It's my father's fourty-ninth anniversary.

_____

133

unidad 48

EL PASADO CONTINUO

Es el tiempo que se utiliza cuando queremos expresar acciones que ocurrieron en el pasado, pero enfatizamos que tuvieron cierta duración, así como aquello que estaba ocurriendo en un momento determinado del pasado. Se forma con el pasado simple del verbo «to be» (**was/ were**) y el **gerundio** del verbo que usemos.

Sujeto + **was / were** + **gerundio** + (complementos)

a) La forma afirmativa es:

[To eat: *comer*]

I	**was eating**	*yo estuve/estaba comiendo*
you	**were eating**	*tú estuviste/estabas comiendo, usted estuvo/estaba comiendo*
he	**was eating**	*él estuvo/estaba comiendo*
she	**was eating**	*ella estuvo/estaba comiendo*
it	**was eating**	*estuvo/estaba comiendo*
we	**were eating**	*nosotros/as estuvimos/ estábamos comiendo*
you	**were eating**	*vosotros estuvísteis/ estábais comiendo, ustedes estuvieron/ estaban comiendo*
they	**were eating**	*ellos estuvieron/ estaban comiendo*

The dog **was eating** its food.
El perro estaba comiendo su comida.

In 2002 I **was living** in London.
En 2002 yo estaba viviendo en Londres.

We **were doing** our homework.
Estuvimos haciendo nuestros deberes.

She **was reading** a magazine.
Ella estaba leyendo una revista.

They **were cleaning** their apartment.
Ellos estuvieron limpiando su apartamento.

b) En frases negativas se usan **«was not / wasn't»** y **«were not / weren't»**:

He **wasn't dancing** at the party.
Él no estuvo bailando en la fiesta.

They **weren't speaking** French.
Ellos no estaban hablando en francés.

I **wasn't waiting** for you.
Yo no estaba esperándote.

We **weren't fighting**.
No estábamos peleándonos.

c) En preguntas, **«was»** y **«were»** invierten el orden con el sujeto.

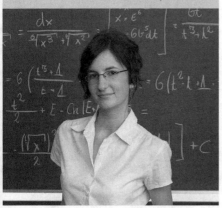

Were you **studying** maths?
¿Estabas estudiando matemáticas?

What **were** you **doing**?
¿Qué estabas haciendo?

Who **was** she **talking** to?
¿Con quién estaba hablando ella?

d) Y en respuestas cortas:

Was he **playing** the piano?
¿Estaba él tocando el piano?

{ **Yes, he was.** / *Sí.*
  No, he wasn't. / *No.*

El pasado continuo también se usa para describir lo que estaba ocurriendo en un momento determinado del pasado.

She **was working** in the morning.
Ella estuvo trabajando por la mañana.

At seven o'clock I **was sleeping**.
A las siete en punto yo estaba durmiendo.

Yesterday evening they **were playing** cards.
Ayer por la tarde ellos estuvieron jugando a las cartas.

VOCABULARIO:
LA CIUDAD – *The city*

road sign	*señal*
mailbox	*buzón*
sidewalk	*acera*
corner	*esquina*
trash can	*papelera*
flag	*bandera*
advertisement	*anuncio*
bus shelter	*caseta del bus*
building	*edificio*
crosswalk	*paso de peatones*
lamppost	*farola*
pedestrian	*peatón*
skyscraper	*rascacielos*
bridge	*puente*
river	*río*
traffic light	*semáforo*
bench	*banco*
square	*plaza*

We were visiting that huge **skyscraper**.
Estuvimos visitando ese rascacielos enorme.

Andy and Susan were sitting on a **bench**.
Andy y Susan estaban sentados en un banco.

Were you walking near the **bridge**?
¿Estuvísteis paseando cerca del puente?

Ejercicios

1.- Completar los espacios con el pasado continuo de los siguientes verbos: play, work, study, read, go, do.

a) Tom _____ hard on the weekend.
b) She _____ English last week.
c) Those pedestrians _____ across the street.
d) The children _____ soccer yesterday.
e) What ____ he _____ yesterday at 3 o'clock?
f) _____ you _____ the advertisement?

2.- ¿Dónde se puede tirar un papel si se está en la calle?

_____

3.- ¿En qué lugar se depositan las cartas para enviarlas?

_____

4.- ¿En qué lugar nos sentamos cuando estamos en la calle?

_____

5.- ¿Qué objeto luminoso regula el tráfico?

_____

Soluciones:

1.- a) was working;
b) was studying;
c) were going; **d)** were playing; **e)** was .... doing;
f) Were .... reading. **2.-** In a trash can.
3.- In a mailbox. **4.-** On a bench.
5.- The traffic light.

unidad 49

DIFERENCIAS ENTRE EL PASADO SIMPLE Y EL CONTINUO

a) El pasado simple expresa una acción ya finalizada, pero con el pasado continuo no se sabe si la acción ha concluido.

She **wrote** a letter.
Ella escribió una carta.
(La carta está finalizada)

She **was writing** a letter.
Ella estuvo escribiendo una carta.
(No se sabe si la acabó o no).

136

b) El pasado simple expresa acciones pasadas como simples hechos, mientras que el pasado continuo da a las acciones un tiempo y una duración.

What **did** you **do** yesterday? I **watched TV**.
¿Qué hiciste ayer? Vi la televisión.

What **were** you **doing** yesterday at 8?
I **was watching TV**.
¿Qué estabas haciendo ayer a las 8?
Estaba viendo la televisión.

c) Otras diferencias se verán al tratar «**when**» (*cuando*) y «**while**» (*mientras*), que se estudian a continuación.

USO DE «WHEN» Y «WHILE»

«**When**» (*cuando*) y «**while**» (*mientras*) son palabras que, en muchas ocasiones, unen frases. La posición de ambas puede ser al inicio de una frase o en posición media, pero, en cualquier caso, siempre preceden a una frase. En pasado, «**when**» suele preceder a un pasado simple y «**while**» a un pasado continuo.

Cuando «**when**» se utiliza uniendo dos frases en pasado simple, se expresan dos acciones consecutivas en el pasado.

I opened the door **when** the bell rang.
Abrí la puerta cuando sonó el timbre.

When she had dinner she went to bed.
Cuando ella cenó, se fue a la cama.

Al unir en una frase dos acciones duraderas que estaban ocurriendo simultáneamente, ambas se expresan en pasado continuo, unidas por «**while**».

She was reading a book **while** her children were playing.
Ella estaba leyendo un libro mientras sus hijos estaban jugando.

While he was studying, I was working.
Mientras él estaba estudiando, yo estaba trabajando.

Para expresar que una acción estaba teniendo lugar (pasado continuo) cuando otra «interrumpió» (pasado simple):

I was washing the dishes
when the telephone rang.
Yo estaba lavando los platos cuando sonó el teléfono.

The telephone rang **while**
I was washing the dishes.
El teléfono sonó mientras yo estaba lavando los platos.

Con el pasado simple y continuo se expresan matices diferentes, como podemos ver en los ejemplos siguientes.

What **did** you **do** when it started to rain?
We went home.

¿Qué hicísteis cuando empezó a llover?
Fuimos a casa (después de
que empezara a llover)

What **were** you **doing**
when it started to rain?
We were going home.

¿Qué estábais haciendo
cuando empezó a llover?
Estábamos yendo a casa.
(antes de que empezara a llover)

Ejercicios

1.- Completar los espacios con los verbos en pasado simple o continuo.

a) Some friends _____(arrive) while we _____ (watch) TV.

b) What _____you _____(do) yesterday at seven?

c) He _____ (can) not sleep because the baby _____ (cry).

d) The students _____ (listen) while the teacher_____ (explain) the lesson.

e) I _____ (speak) to John when I _____ (get) a text message.

2.- ¿»When» o «while»?

f) She was taking a shower _____ the door opened.

g) _____ Mary was having dinner, John was sleeping.

h) _____ we bought that house, they were building it.

i) I was looking at them _____ they were dancing.

j) He was surfing the internet _____he saw that photo.

unidad 50

1 PEDIR PERMISO
2 «BEFORE» Y «AFTER»
3 FORMAS Y MATERIALES – *Shapes and materials*
4 POSICIÓN DE VARIOS ADJETIVOS JUNTO A UN NOMBRE
5 EJERCICIOS

PEDIR PERMISO

Para solicitar permiso para realizar una acción se pueden usar diversas estructuras. En esta unidad se tratarán aquellas con los verbos modales **«can»**, **«may»** y **«could»**. Con «can» se solicita permiso de una manera informal, mientras que con «may» y con «could» se hace más formalmente.

Can I open the window?
¿Puedo abrir la ventana?

May I come in?
¿Puedo pasar?

Could I ask you a question?
¿Puedo / Podría hacerle una pregunta?

«BEFORE» Y «AFTER»

Tanto **«before»** como **«after»** pueden funcionar como conjunciones, preposiciones y adverbios.

> «**Before**» equivale a
> «*antes, antes de, antes de que*».

> «**After**» equivale a
> «*después de, después de que*».

I was here **before**.
Yo estuve aquí antes.

He knew it **before** you told him.
Él lo sabía antes de que se lo contaras.

She got home **after** six.
Ella llegó a la casa después de las seis.

They couldn't sleep **after**
I had told them that story
*Ellos no pudieron dormir después de
que yo les contara esa historia.*

Si se usa un verbo después de **«before»** o **«after»** (porque el sujeto de ese verbo es el mismo que el de otro verbo aparecido antes), éste ha de tener forma de **gerundio**.

I was watching TV **before** <u>going</u> to bed.
*Estuve viendo la televisión
antes de acostarme.*

They were playing soccer **after**
<u>doing</u> their homework.
*Ellos estuvieron jugando al fútbol
después de hacer sus deberes.*

Según su forma, las cosas pueden ser:

round	*redondo/a*
square	*cuadrado/a*
rectangular	*rectangular*
oval	*ovalado/a*

Y en cuanto a materiales:

metal	*metal*
metallic	*metálico*
iron	*hierro*
steel	*acero*
glass	*vidrio*
plastic	*plástico*
wood	*madera*
wooden	*de madera*

I bought a nice, **round wooden** table.
*Compré una bonita mesa
redonda de madera.*

She's got a **square plastic** purse.
Ella tiene un bolso cuadrado de plástico.

POSICIÓN DE VARIOS ADJETIVOS JUNTO A UN NOMBRE

Cuando un sustantivo está modificado por varios adjetivos, la posición de ellos suele ser la siguiente:

Determinante, **opinión, tamaño, forma, edad, color, origen, material, tipo / propósito**, nombre

A **nice big round old red Italian glass fruit** bowl.

She has a **fantastic small modern** computer.
Ella tiene una computadora fantástica, pequeña y moderna.

Are there any **big square wooden, dining-room** tables?
¿Hay mesas de comedor de madera, cuadradas y grandes?

Ejercicios

1.- ¿Cómo se pediría permiso para usar el teléfono de un amigo?

_____

2.- ¿Cómo se pediría permiso a un jefe para irse a casa?

_____

3.- ¿»After» o «before»?

a) I wash my hands _____ I eat.

b) November comes _____ December.

c) The number 7 comes _____ 6.

d) She made a list _____ she went shopping.

e) _____ I wash the dishes I dry them.

4.- Ordena los adjetivos.

f) Do you have a (German, old, big) cell phone?

_____

g) They live in a (modern, wonderful, small) apartment.

_____

h) She bought two (steel, American, oval) ahstrays.

_____

unidad 51

contenido

1 EXPRESIONES DE MOVIMIENTO
2 EJERCICIOS

EXPRESIONES DE MOVIMIENTO

Gran parte de estas expresiones se forman con un verbo que implica movimiento y una de las preposiciones que se muestran a continuación.

across	*a través de (a lo ancho)*
along	*a lo largo de, por*
back (from)	*de vuelta (de)*
down	*abajo, hacia abajo*
up	*arriba, hacia arriba*
up to	*hasta*
into	*adentro*
out of	*fuera de*
from	*de, desde*
past	*(pasar) por delante de*
to	*a, hacia*
around	*alrededor de*
through	*a través de, por*

141

Seguidamente se ven ejemplos prácticos de verbos con estas preposiciones. Podemos realizar múltiples combinaciones. Aquí se tratan algunas de ellas.

To go: ir

She never **goes back** home late.
Ella nunca vuelve a casa tarde.

We **went into** a bar. / *Entramos en un bar.*

He **went out of** the room.
Él salió de la habitación.

I **go past** the bakery everyday.
Paso por la panadería todos los días.

The train **went through** a tunel.
El tren pasó por un túnel.

To come: venir

I **came across** the hall to go out.
Crucé la sala para salir.

They **come back** home after school.
Ellos vuelven a casa después de la escuela.

She's **coming from** work.
Ella viene del trabajo.

I'd like to **come to** this place again.
Me gustaría venir a este lugar otra vez.

To walk: caminar

I like **walking along** the 5th Avenue.
Me gusta pasear por la 5ª Avenida.

On Sunday afternoons I **walk around** the park.
Los domingos por la tarde paseo por el parque.

To drive: conducir.

We always **drive to** work.
Siempre vamos en auto al trabajo.

I **drove past** the station this morning.
Esta mañana pasé (en auto) por la estación.

To run: correr.

I **ran back to** my house.
Volví corriendo a mi casa.

She **ran out of** the hotel to take a taxi.
Ella salió corriendo del hotel para tomar un taxi.

To travel: viajar.

They are **traveling to** Madrid.
Ellos están viajando a Madrid.

I **traveled from** India **to** China by train.
Viajé desde India a China en tren.

Con el verbo «**to arrive**» *(llegar)* no se usa la preposición «to», sino «**in**» o «**at**».

arrive in

llegar a una ciudad, a un país.

arrive at

llegar a un lugar pequeño, un edificio, un aeropuerto, etc.

I **arrived in** Bogota at five.
Llegué a Bogotá a las cinco.

We **arrived at** the theater.
Llegamos al teatro.

Un sinónimo de «arrive» es «get», pero éste sí necesita la preposición «to»:

What time did you **get to** the museum?
¿A qué hora llegaste al museo?

La palabra «home» *(casa)* aparece casi siempre sin ninguna preposición de movimiento:

I want to **go home**.
Quiero irme a casa.

She **came home** after work.
Ella vino a casa después de trabajar.

Ejercicios

1.- Completar las frases con las preposiciones correspondientes.

a) She arrived _____ the station at 5.
(to, in, at)

b) When does he come _____?
(along, to, back)

c) Are you going _____ home?
(past, - , to)

d) I went _____ the shop.
(back, up, past)

e) They were traveling _____ the world.
(around, down, to)

f) Peter went _____ the bathroom.
(through, - , into)

g) My sister was walking _____ the sidewalk. (past, through, along)

h) I ran _____ home. (across, to, back)

i) She swam _____ the river.
(back, out of, across)

j) The teacher is coming _____ the school. (from, along, through)

Soluciones:
1.- a) at; **b)** back;
c) - ; **d)** past; **e)** around;
f) into; **g)** along; **h)** back;
i) across; **j)** from.

unidad 52

contenido

1 PREGUNTAS CON PREPOSICIÓN AL FINAL
2 PREGUNTAR POR MARCAS Y MODELOS
3 EL AUTO – *The car*
4 EJERCICIOS

PREGUNTAS CON PREPOSICIÓN AL FINAL

Ya conocemos cómo realizar frases interrogativas. A continuación vamos a tratar las preguntas que precisan de una preposición al final de las mismas.
En español, muchas preguntas comienzan con una preposición, que se coloca delante del pronombre interrogativo:

> ¿**De** dónde eres?
>
> ¿**Con** quién vives?
>
> ¿**Para** qué?

En inglés, estas preguntas comienzan con un pronombre interrogativo (what, where, who, etc.) y la preposición se coloca al final de la frase; no al principio.

Where are you **from**?

¿De dónde eres?

Who do you live **with**?

¿Con quién vives?

What do you need it **for**?

¿Para qué lo necesitas?

Who is this gift **for**?

¿Para quién es este regalo?

What are you thinking **about**?

¿En qué estás pensando?

De manera corta también se pueden realizar preguntas. En ese caso sólo usamos el pronombre interrogativo y la preposición:

Where **from**?	*¿De dónde?*
Who **with**?	*¿Con quién?*
What **for**?	*¿Para qué?*
Who **for**?	*¿Para quién?*

Esas mismas preposiciones se repetirán en la respuesta:

Where are you **from**?
I'm **from** Venezuela.
¿De dónde eres?
Soy de Venezuela.

Who do you live **with**?
I live **with** my parents.
¿Con quién vives?
Vivo con mis padres.

Who is this gift **for**?
It's **for** Brenda.
¿Para quién es este regalo?
Es para Brenda.

PREGUNTAR POR MARCAS Y MODELOS

Para preguntar por la marca de un producto, como puede ser un auto, decimos:

What make is it? / *¿Qué marca es?*

What make is the car? It's a Ford.
¿Qué marca es el auto? Es un Ford.

Para preguntar por el modelo:

What model is it?
It's a 2005 Focus
¿Qué modelo es?
Es un Focus de 2005.

VOCABULARIO: EL AUTO - *The car*

trunk	*maletero*	**back seat**	*asiento trasero*
door	*puerta*	**driver's seat**	*asiento del conductor*
wheel	*rueda*	**license plate**	*matrícula*
tire	*neumático*	**exhaust pipe**	*tubo de escape*
steering wheel	*volante*	**engine**	*motor*
headlight	*faro delantero*	**dashboard**	*salpicadero*
rearlight	*faro trasero*	**horn**	*bocina*
fender	*paragolpes*	**parking brake**	*freno de mano*
rear-view mirror	*espejo retrovisor*	**accelerator**	*acelerador*
hood	*capó*	**brake**	*freno*
windshield wiper	*limpiaparabrisas*	**clutch**	*embrague*
windshield	*parabrisas*	**battery**	*batería*
seat belt	*cinturón de seguridad*	**gear box**	*caja de cambios*

What is the **trunk** for?
¿Para qué sirve el maletero?

Fasten your **seat belt**, please.
Abróchate el cinturón de seguridad, por favor.

Who did you repair the **engine** with?
¿Con quién arreglaste el motor?

Ejercicios

1.- Completar las preguntas con la preposición correspondiente: for, like, with, about, from, in.

a) What is he worried _____ ?

b) Which car is the parcel _____ ?

c) What is the parking brake _____ ?

d) Who are you sharing your apartment
_____ ?

e) Where did she come _____ ?

f) Who does your brother look _____?

2.- ¿Cómo se pregunta
«¿Con quién fuiste al cine?»?

_____

3.- ¿Cómo se pregunta
«¿De qué marca es el neumático?»?

_____

4.- ¿Qué pedal se pisa en un auto para
detenerlo?

_____

5.- ¿Cómo se denomina la placa con el
número identificativo de un auto?

_____

VERBOS MODALES PARA EXPRESAR PROHIBICIÓN

Existen diversas formas para expresar prohibición, algunas de las cuales hacen uso de verbos modales. Así, por ejemplo, se utiliza **«mustn't»** o **«must not»**. Es la forma equivalente a «*no poder hacer algo*» *(por no deber o no estar permitido).*

You **mustn't** look directly at the sun.
No podéis mirar directamente al sol.

They **mustn't** be late for class.
Ellos no pueden llegar tarde a clase.

You **mustn't** drive drunk.
No puedes conducir bebido.

Pero para expresar prohibición también se usa habitualmente **«can't»**.

You **can't** smoke in this area.
No pueden fumar en esta zona.

You **can't** speak loud in a hospital.
No pueden hablar alto en un hospital.

146

MOSTRAR CONTRASTE: «BUT», «HOWEVER» Y «ALTHOUGH»

En inglés hay varias formas de expresar contraste. En esta unidad se tratarán «**but**» (*pero, sino*), «**however**» (*sin embargo*) y «**although**» (*aunque*).

«**But**» y «**however**» contrastan con la idea y/o la oración precedente.

I don't speak French **but** English.
No hablo francés sino inglés.

I don't speak French,
but I speak English.
*No hablo francés,
pero hablo inglés.*

I don't speak French.
However, I speak English.
*No hablo francés.
Sin embargo, hablo inglés.*

«**Although**» introduce una frase que contrasta con una anterior o posterior a ella.

Although it rained a lot,
we enjoyed our vacation.
*Aunque llovió mucho,
disfrutamos de nuestras vacaciones.*

We got up early **although** we
didn't have anything to do.
*Nos levantamos temprano aunque
no teníamos nada que hacer.*

También se pueden usar «**even though**» y «**though**» como sinónimos de «**although**». «**Even though**» es una forma un tanto enfática.

Even though I had time,
I didn't watch that program.
*Aunque tenía tiempo,
no vi ese programa.*

He didn't get the job **though**
he had good qualifications.
*Él no consiguió el trabajo
aunque tenía buenas calificaciones.*

«**Though**» también se puede usar al final de la frase, equivaliendo a «*no obstante, a pesar de ello*».

The house isn't very nice.
I like the garden, **though**.
*La casa no es muy bonita.
A pesar de ello, me gusta el jardín.*

147

VOCABULARIO:
EL TRÁFICO – The traffic

traffic sign:	*señal de tráfico*
traffic light:	*semáforo*
crosswalk:	*paso de cebra*
crossing:	*cruce*
parking meter:	*marcador de estacionamiento*
parking lot:	*zona de estacionamiento*
parking stall:	*plaza de estacionamiento*
loading zone:	*zona de carga y descarga*
highway / freeway:	*autopista*
turnpike:	*autopista de peaje*
toll:	*peaje*
lane:	*carril*
fine, ticket:	*multa*
accident:	*accidente*
speed:	*velocidad*

He parked his car there,
although it is a **loading zone**.
*Aparcó su auto allí, aunque es
una zona de carga y descarga.*

Ejercicios

1.- Usar «mustn't» para prohibir:

a) park your car here. (you)
_____

b) walk on the grass. (people)
_____

c) drive without license. (he)
_____

2.- Completar las frases con «but», «however» o «although» (though).

d) Jim isn't tall _____ short.

e) There was a crosswalk. _____, she didn't see it.

f) _____ he doesn't like animals, he has a cat.

g) This is a freeway. _____, we mustn't exceed the speed limit.

h) There was a «Stop» sign. I didn't stop,
_____

3.- ¿Cómo se denomina la autopista donde hay que pagar por usarla?
_____

4.- ¿Qué nombre tiene el paso por el que cruzan los peatones?
_____

EL COMPARATIVO DE IGUALDAD

Es la estructura usada cuando se comparan dos elementos con características iguales. Para ello podemos usar adjetivos, adverbios o nombres.

a) Con adjetivos y adverbios, la estructura es:

as + adjetivo / adverbio + as

tan + adjetivo / adverbio + como

I am **as tall as** you.
Soy tan alto como tú.

He is **as intelligent as** his sister.
Él es tan inteligente como su hermana.

She came **as late as** last week.
Ella vino tan tarde como la semana pasada.

En frases negativas:
not as + adjetivo / adverbio + as

My car is**n't as expensive as** this one.
Mi auto no es tan caro como éste.

They are**n't as old as** us.
Ellos no son tan viejos como nosotros.

En algunos países de habla inglesa, en oraciones negativas, el primer «as» puede sustituirse por «so».

My computer isn't **as** good as this one
=
My computer isn't **so** good as this one

Mi computadora no es tan buena como ésta.

Si el segundo elemento de la comparación se sobrentiende, no hace falta usarlo.

Susan is very pretty.
Betty isn't **so pretty**. (as Susan)
Susan es muy guapa.
Betty no es tan guapa. (como Susan)

b) Con nombres, el comparativo de igualdad se forma:

as much + nombre incontable + as
tanto/a + nombre + como

as many + nombre contable (plural) + as
tantos/as + nombre + como

She has **as much free time as** me.
Ella tiene tanto tiempo libre como yo.

There are **as many oranges as** in the other shop.
Hay tantas naranjas como en la otra tienda.

149

En oraciones negativas, el primer «as» también puede sustituirse por «so».

He's rich. I don't have so much money (as him).
Él es rico. Yo no tengo tanto dinero (como él).

There aren't so many bananas (as yesterday).
No hay tantos plátanos (como ayer).

VOCABULARIO: EN LA FRUTERÍA – *At the fruit shop*

orange	*naranja*	**lemon**	*limón*
apple	*manzana*	**lime**	*lima*
apricot	*albaricoque*	**melon**	*melón*
peach	*melocotón*	**watermelon**	*sandía*
banana	*plátano*	**pear**	*pera*
cherry	*cereza*	**pineapple**	*piña*
grape	*uva*	**plum**	*ciruela*
grapefruit	*pomelo*	**strawberry**	*fresa*
coconut	*coco*	**kiwi fruit**	*kiwi*
mango	*mango*	**fig**	*higo*

The **lemons** are as expensive as the **apples**.
Los limones son tan caros como las manzanas.

Apricots aren't as big as **peaches**.
Los albaricoques no son tan grandes como los melocotones.

There aren't as many **melons** as **pears**.
No hay tantos melones como peras.

Ejercicios

1.- Ordenar las palabras para formar frases.

a) as book yours is as my interesting.

_____

b) aren't as her as parents her generous.

_____

2.- Completar con el comparativo de igualdad.

c) Are there ____plums____the other day?

d) I have _____ juice as you.

e) Linda is____old _____Peter.

f) They don't work____hard ____me.

3.- Añadir las vocales que faltan.

g) P _ _ R

h) W _ T _ R M _ L _ N

i) G R _ P _ F R _ _ T

j) L _ M _

Soluciones:

1.- a) My book is as interesting as yours; **b)** Her parents aren't as generous as her. **2.- c)** as many .... as; **d)** as much; **e)** as .... as; **f)** as/so .... as. **3.- g)** PEAR; **h)** WATERMELON; **i)** GRAPEFRUIT; **j)** LIME

EL COMPARATIVO DE SUPERIORIDAD

Al igual que el comparativo de igualdad (unidad 54), se puede formar con adjetivos, adverbios y nombres.

Con adjetivos y adverbios, la estructura en español es:

más + adjetivo / adverbio + (que)

En inglés, el comparativo de superioridad se forma de distintas maneras, dependiendo de la cantidad de sílabas de que tenga el adjetivo o adverbio. Así:

- Cuando el adjetivo tiene una sílaba se añade «-**er**» a dicho adjetivo:

tall	_alto_	**taller**	_más alto_
old	_viejo_	**older**	_más viejo_
young	_joven_	**younger**	_más joven_
big	_grande_	**bigger***	_más grande_
fat	_gordo_	**fatter***	_más gordo_

*Estos adjetivos duplican la última consonante por acabar en «consonante-vocal-consonante».

My father is **taller**
Mi padre es más alto

Her house is **bigger**
Su casa es más grande

Cuando aparece el otro elemento de comparación, usamos **«than»** (que):

He is **older than** me
Él es más viejo que yo

They arrived **later than** him
Ellos llegaron más tarde que él

-Cuando el adjetivo tiene tres sílabas o más se usa **«more»**:

comfortable	*cómodo*
more comfortable	*más cómodo*
difficult	*difícil*
more difficult	*más difícil*
expensive	*caro*
more expensive	*más caro*
interesting	*interesante*
more interesting	*más interesante*

That exercise is **more difficult**
Ese ejercicio es más difícil

Susan is **more intelligent than** Betty
Susan es más inteligente que Betty

This chair is **more confortable**
Esta silla es más cómoda

- Cuando el adjetivo tiene dos sílabas:

1) Si acaba en **«–y»**, **«-ow»**, **«-le»** o **«-er»**, forma el comparativo como los adjetivos de una sílaba: **adjetivo + er + (than).**

This road is **narrower than** that one
Esta carretera es más estrecha que aquella

John is **cleverer than** Mike
John es más listo que Mike

Maggie is **prettier* than** her sister
Maggie es más bonita que su hermana

*Cuando el adjetivo acaba en «-y», ésta cambia a «i» antes de añadir «-er».

2) Si acaba de cualquier otra manera, forma el comparativo de superioridad como los adjetivos de tres o más sílabas: **more + adjective + (than)**.

This picture is **more modern**
Este cuadro es más moderno

This movie is **more boring than** that one
Esta película es más aburrida que ésa

Pero algunos adjetivos y adverbios no siguen estas reglas y forman el comparativo de superioridad de manera irregular. Entre ellos están:

good	*bueno*
better	*mejor*
bad(ly)	*malo*
worse	*peor*
far	*lejos*
farther, further	*más lejos*
much	*mucho/a*
more	*más*
many	*muchos/as*
more	*más*

My new car is **better than** his
Mi auto nuevo es mejor que el suyo

Your situation is **worse than** ours
Vuestra situación es peor que la nuestra

They have **more** brothers **than** us
Ellos tienen más hermanos que nosotros

Con sustantivos, sólo se ha de usar «**more**» delante de ellos.

Does he want **more** <u>milk</u>?
¿Quiere él más leche?

There are **more** <u>books</u> in the bedroom
Hay más libros en el dormitorio

Ejercicios

1.- ¿Cuál es el comparativo de superioridad de ......?

a) short _____

b) expensive _____

c) late _____

d) important _____

e) good _____

f) funny _____

2.- Usar el comparativo de superioridad.

g) This exercise is _____ than the other. (easy)

h) I feel _____ than yesterday. (badly)

i) Her hair is _____ than yours. (long)

j) We are _____ than them (hard-working)

Soluciones:

1.- a) shorter; **b)** more expensive; **c)** later; **d)** more important; **e)** better; **f)** funnier. **2.- g)** easier; **h)** worse; **i)** longer; **j)** more hard-working.

EL COMPARATIVO DE INFERIORIDAD

En todos los casos se forma con la estructura:

less + adjetivo / adverbio + **(than)**
menos + adjetivo / adverbio + (que)

The movie is **less interesting than** the book
La película es menos interesante que el libro

Frank is **less friendly than** his brothers.
Frank es menos simpático que sus hermanos

Pero con sustantivos se usan:

less + nombre incontable + (than)

menos + nombre + (que)

fewer + nombre contable (plural) + (than)

There is **less** water in the glass
Hay menos agua en el vaso

That hotel has **fewer** rooms **than** the Metropolitan
Ese hotel tiene menos habitaciones que el Metropolitan

LOS ADVERBIOS «TOO» / «ENOUGH»

«**Too**» se utiliza siempre <u>delante de adjetivos o adverbios</u> y equivale a «*demasiado*».

This exercise is **too** <u>easy</u>
Este ejercicio es muy fácil

She got up **too** <u>early</u>
Ella se levantó demasiado temprano

Después del adjetivo o adverbio se puede usar «to + infinitivo».

They are <u>too young</u> **to drive**
Son demasiado jóvenes para conducir

It is <u>too late</u> **to go out**
Es demasiado tarde para salir

Si acompaña a un nombre, se han de usar «much» o «many».

too much + nombre incontable
demasiado/a + nombre

too many + nombre contable (plural)
demasiados/as + nombre

My cousin drank **too much** <u>alcohol</u>
Mi primo bebió demasiado alcohol

There were **too many** <u>people</u> at the concert
Hubo demasiada gente en el concierto

«**Enough**» se usa siempre <u>detrás de un adjetivo o adverbio</u> y equivale a «*lo suficientemente*».

She is <u>rich</u> **enough**
Es lo suficientemente rica

I didn't get up <u>early</u> **enough**
No me levanté lo suficientemente temprano

También puede ir seguido de «to + infinitivo».

He's <u>tall enough</u> **to play** basketball
Es lo suficientemente alto para jugar al baloncesto

Pero «**enough**» también se puede usar <u>delante de sustantivos</u>, equivaliendo a «*suficiente*».

There is **enough** <u>milk</u> for the coffe
Hay suficiente leche para el café

There weren't **enough** <u>chairs</u> for everybody
No había suficientes sillas para todos

eggplant	*berenjena*
beans	*alubias*
cabbage	*col*
lettuce	*lechuga*
cucumber	*pepino*
tomato	*tomate*
pepper	*pimiento*
carrot	*zanahoria*
cauliflower	*coliflor*
garlic	*ajo*
zucchini	*calabacín*
leek	*puerro*
lentils	*lentejas*
mushroom	*champiñón*
onion	*cebolla*
peas	*guisantes*
potato	*patata*
pumpkin	*calabaza*
spinach	*espinacas*
sweet potato	*boniato*

Are there enough
cucumbers for the salad?
*¿Hay suficientes pepinos
para la ensalada?*

There were too many
potatoes on the table
*Había demasiadas
patatas en la mesa*

Ejercicios

1.- Completar con «less» o «fewer».

a) We have _____ money to spend.

b) There's _____ water in the river.

c) Are there _____ cars In the shop?

d) Now I have _____ books than before.

2.- Completar con «too» o «enough» y la palabra entre paréntesis.

e) You aren't _____ (old) to drive.

f) The garden isn't _____(big) to play soccer.

g) This suitcase is _____ (heavy). I can't carry it.

h) The computer is _____ (slow).

3.- Usar «too much» o «too many».

i) There wasn't _____ orange juice.

j) Did you buy _____ leeks?

Soluciones:
1.- a) less, **b)** less;
c) fewer; **d)** fewer.
2.- e) old enough; **f)** big
enough; **g)** too heavy;
h) too slow. **3.- i)** too much; **j)** too many.

156

unidad 57

contenido

1 EL SUPERLATIVO
2 EJERCICIOS

EL SUPERLATIVO

Es la forma utilizada, no para comparar, sino para destacar a un elemento sobre el resto.

En español sería:

El/la/los/las + sustantivo **+ más + adjetivo + (**de**)**
El cuadro **más caro** (de la tienda).

Para estudiarlos hacemos la misma división que cuando estudiamos los comparativos de superioridad (unidad 55).

- Cuando el adjetivo tiene una sílaba se añade «**-est**» a dicho adjetivo, que irá precedido del artículo «**the**»:

tall	alto
the tallest	el más alto
old	viejo
the oldest	el más viejo
big	grande
the biggest*	el más grande
fat	gordo
the fattest*	el más gordo

*Estos adjetivos doblan la última consonante por acabar en «consonante-vocal-consonante».

Para expresar el superlativo en inglés hemos de tener en cuenta que, al ser un grado del adjetivo, toda la estructura ha ir delante del sustantivo.

He is **the tallest** boy
Él es el chico más alto

That is **the biggest** box
Ésa es la caja más grande

Cuando aparece el grupo o lugar sobre el que se destaca un elemento, se usa «**in**».

He is **the youngest** boy **in** the class
Él es el chico más joven de la clase

It's **the cheapest** toy **in** the shop
Es el juguete más barato de la tienda

157

- Cuando el adjetivo tiene tres sílabas o más se usa «**the most**» delante de dicho adjetivo:

comfortable
cómodo
the most comfortable
el más cómodo
difficult
difícil
the most difficult
el más difícil
expensive
caro
the most expensive
el más caro

This is the **most comfortable** chair
Ésta es la silla más cómoda

It is **the most important** question **in** the test
Es la pregunta más importante del examen

- Cuando el adjetivo tiene dos sílabas:

1) Si acaba en «**–y**», «**-ow**», «**-le**» o «**-er**», forma el superlativo como los adjetivos de una sílaba:

> **the + adjetivo + est.**

This is **the narrowest** road
Esta es la carretera más estrecha

Maggie is the **prettiest*** girl in the party
Maggie es la chica más guapa de la fiesta

*Cuando el adjetivo acaba en «-y», ésta cambia a «i» antes de añadir «-er».

2) Si acaba de cualquier otra manera, forma el comparativo como los adjetivos de tres o más sílabas:

> **the + most + adjective.**

This is **the most modern** pair of jeans
Éstos son los pantalones tejanos más modernos

It's **the most boring** activity
Es la actividad más aburrida

Pero algunos adjetivos y adverbios forman el superlativo de manera irregular. Entre ellos están:

good
bueno
the best
el mejor
bad
malo
the worst
el peor
far
lejos
the farthest, the furthest
el más lejano

He is **the worst** student
Él es el peor estudiante

This is **the best** movie
Ésta es la mejor película

Ejercicios

1.- ¿Cuál es el superlativo de …..?

a) happy _____

b) interesting _____

c) lazy _____

d) bad _____

e) modern _____

f) thin _____

2.- Completa las frases con el superlativo de los adjetivos entre paréntesis

g) She is _____ (funny) person in my class.

h) This is_____ (small) box.

i) That was_____ (difficult) exercise in the test.

j) Are you _____ (tall) person in your team?

unidad 58

LOS PRONOMBRES «ONE / ONES»

Los pronombres «**one**» (para el singular) y «**ones**» (para el plural) sustituyen a un nombre ya usado en la frase o bien sobrentendido en la conversación, para evitar su repetición.

This book is interesting, but that **one** is boring.
[«one» sustituye a «book»]
Este libro es interesante, pero ése es aburrido.

- That's my car
- Ése es mi auto

- Which **one**?
[«one» sustituye a «car»]
- ¿Cuál?

I like that car. I don't like these **ones**.
[«ones» sustituye a «cars»]
Me gusta ese auto. No me gustan estos.

Do you prefer green grapes or black **ones**?
[«ones» sustituye a «grapes»]
¿Prefieres las uvas verdes o negras?

159

LA PREPOSICIÓN «FOR»

«**For**» es una de las preposiciones más frecuentes en inglés, pero su uso puede ser un poco confuso. En general, equivale a «*para*» y «*por*», pero también tiene otros significados. A continuación se muestran algunos de sus usos más habituales.

a) Destinatario (*para*)
This is **for** her
Esto es para ella

b) Uso, propósito (*para*)
This key is **for** opening doors
Esta llave es para abrir puertas

c) Motivo, resultado (*por*)
She is famous **for** her songs
Ella es famosa por sus canciones

d) En búsqueda de (*a por*)
She's gone **for** some cakes
Ella ha ido a por pasteles

e) Como (*para*)
I had chicken **for** lunch.
Almorcé pollo (Tomé pollo para almorzar).

f) Compra o venta (*por*)
He bought his house **for** a lot of money
Él compró su casa por mucho dinero

g) Destino (*para*)
That's the train **for** New York
Ése es el tren para Nueva York

h) Duración (*por, durante*)
I was living in Madrid **for** two years
Estuve viviendo en Madrid durante dos años

«**For**» también es usado en muchas otras expresiones y como parte de verbos con preposición (to look **for**: *buscar*).

VOCABULARIO:
EN LA CARNICERÍA - At the butcher's

meat	*carne*
beef	*carne de vaca*
lamb	*cordero*
chicken	*pollo*
pork	*carne de cerdo*
veal	*ternera*
steak	*filete*
chop	*chuleta*
rib	*costilla*
sausage	*salchicha*
(ham)burger	*hamburguesa*
roast	*asado*
meat balls	*albóndigas*
ham	*jamón*
liver	*hígado*
kidneys	*riñones*
bacon	*panceta*

I don't like these **ribs**.
I prefer those ones.
No me gustan estas costillas.
Prefiero ésas.

They need some **beef** for the meal.
Ellos necesitan carne de
vaca para la comida.

Ejercicios

1.- Completar los espacios con
«one» o «ones».

a) Are these your shoes? No, the black _____
are mine.
b) On the table there are two red pens
and a blue _____
c) Look at those pictures. That is the
cheapest _____
d) Do you like meat balls?
Yes, these _____ are yummy.

2.- Ordenar las palabras
para formar frases.

e) sold car I for dollars my 4,000.

_____

f) breakfast what having for are they ?

_____

g) grandmother gift is this your for.

_____

h) hamburger is but delicious this that
is one disgusting.

_____

3.- ¿Cómo se denomina la carne de cerdo?

_____

4.- Encontrar cinco palabras relacionadas
con la carne en esta serie de letras.

U R O A S T P O R V E A L A M B M E A
C H O P L T V L I V E R C M E A S

Soluciones:
1.- a) ones; **b)** one;
c) one; **d)** ones.
2.- e) I sold my car for
4,000 dollars; **f)** What are
they having for breakfast?; **g)** This gift is
for your grandmother; **h)** This hamburger
is delicious but that one is disgusting.
3.- Pork. **4.-** ROAST, VEAL, LAMB, CHOP,
LIVER.

161

LOS VERBOS «TO DO» Y «TO MAKE»

Estos verbos son confundidos a menudo. Sus significados son parecidos, los dos equivalen a «*hacer*», pero existen diferencias entre ambos. La principal es que «**do**» se usa con sentido general de «*realizar*» o «*llevar a cabo*» y «**make**» con sentido de «*elaborar*», «*fabricar*», «*producir*». Pese a ello, también hay excepciones.

TO DO:

a) Idea general de «hacer».

I'm not **doing** anything today
No estoy haciendo nada hoy

b) Con actividades que expresan actividades o faenas cotidianas (ver unidad 43).

She **did** her homework
Ella hizo sus deberes

They never **do** the cleaning at home
Ellos nunca hacen la limpieza en casa

c) Aparece en muchas expresiones, tales como:

to do a favor
hacer un favor
to do business
hacer negocios
to do an excercise
hacer un ejercicio
to do harm
hacer daño

Can you **do** me **a favor**, please?
¿Puedes hacerme un favor, por favor?

Did you **do business** with him?
¿Hiciste negocios con él?

TO MAKE:

a) Idea de fabricar, construir, crear o elaborar algo. Por esta razón es usado, por ejemplo, con aquello que se cocina.

What are you **making** for dinner?
¿Qué estás haciendo de cena?

I'm **making** soup and fried chicken
Estoy haciendo sopa y pollo frito

b) Aparece también en muchas expresiones, como:

to make a mess	
desordenar	
to make the bed	
hacer la cama	
to make a phone call	
hacer una llamada	
to make plans	
hacer planes	
to make a decision	
tomar una decisión	
to make a noise	
hacer ruido	
to make a mistake	
cometer un error	
to make money	
hacer dinero	
to make an effort	
hacer un esfuerzo	
to make progress	
progresar	
to make friends	
hacer amigos	

Excuse me. I have **to make a call**
Perdona, tengo que hacer una llamada

They **made an effort** and passed the exam
Hicieron un esfuerzo y aprobaron el examen

VOCABULARIO:
EN LA PESCADERÍA
At the fish market

fish	*pez, pescado*
cod	*bacalao*
sole	*lenguado*
sardine	*sardina*
tuna	*atún*
salmon	*salmón*
shark	*tiburón*
swordfish	*pez espada*
hake	*merluza*
trout	*trucha*
seafood, shellfish	*marisco(s)*
clam	*almeja*
crab	*cangrejo*
shrimp	*gamba*
prawn	*langostino*
lobster	*langosta*
mussel	*mejillón*
oyster	*ostra*
squid	*calamar*
octopus	*pulpo*

I am doing the shopping because I need some **prawns**, **shrimps**, **mussels**, **clams** and **squids** to make a paella
Estoy haciendo la compra porque necesito langostinos, gambas, mejillones, almejas y calamares para hacer una paella

Ejercicios

1.- Usar «do» o «make» en el tiempo correspondiente.

a) What are you _____?

b) She_____ business with them some years ago.

c) Are they _____ plans for their vacation?

d) _____ gymnastics is good for your health.

e) My grandmother _____ a cake for my last birthday.

f) This car o that one? You have to _____ a decision.

g) We _____ some friends when we went to England.

2.- Completar las letras de este vocabulario relativo a la pescadería.

h) _ A _ D _ N _

i) _ C _ O _ U _

j) _ U _ S _ L

Soluciones:

1.- a) doing?; **b)** did; **c)** making; **d)** Doing; **e)** made; **f)** make; **g)** made. **2.- h)** SARDINE; **i)** OCTOPUS; **j)** MUSSEL.

TAG QUESTIONS

Son pequeñas preguntas que se colocan al final de la frase para pedir confirmación de lo que se dice. Equivalen a «*¿verdad?*» o «*¿no?*» y se forman con un auxiliar (to be, do, does, did, can, could, etc.) y un pronombre personal sujeto (I, you, he, etc.).

a) Si en la frase hay un auxiliar, lo utilizamos para la «tag question» junto al pronombre correspondiente. Si la frase es afirmativa, el auxiliar se usa de forma negativa en la «tag question» y viceversa.

<u>You</u> **are** from Mexico, **aren't** <u>you</u>?
Tú eres de México, ¿verdad?

<u>He</u> **isn't** rich, **is** <u>he</u>?
Él no es rico, ¿verdad?

<u>Your mother</u> **was** hot, **wasn't** <u>she</u>?
Tu madre tenía calor, ¿verdad?

<u>You</u> **weren't** working, **were** <u>you</u>?
Tú no estabas trabajando, ¿verdad?

<u>Your friends</u> **can** cook, **can't** <u>they</u>?
Tus amigos saben cocinar, ¿verdad?

164

Cuando el sujeto de la frase es «I»,
el auxiliar es «to be» y la frase es afirmativa,
en la «tag question» no usamos
«am not I?», sino «aren't I?»:

I am your teacher, **aren't I?**
Yo soy vuestro profesor, ¿verdad?

b) Si en la frase no hay verbo auxiliar,
para la «tag question» usaremos
«do-does/don't-doesn't» si la frase
está en presente, y «did/didn't»
si está en pasado.

You **work** as an accountant, **don't** you?
Trabajas como contable, ¿verdad?

They **don't live** in California, **do** they?
Ellos no viven en California, ¿verdad?

His father **drives** very fast, **doesn't** he?
Su padre conduce muy rápido, ¿verdad?

She **doesn't waste** her money, **does** she?
Ella no malgasta su dinero, ¿verdad?

We **bought** some sugar, **didn't** we?
Compramos azúcar, ¿verdad?

You **didn't go** to the gym, **did** you?
No fuiste al gimnasio, ¿verdad?

Los alimentos se suelen presentar con
distintos tipos de envase o contenedor,
o bien en ciertas cantidades. Así:

a bag of potatoes
una bolsa de patatas

a bottle of wine
una botella de vino

a box of cereal
una caja de cereales

a bunch of grapes
un racimo de uvas

a can of coke
una lata de cola

a carton of milk
un cartón de leche

165

a jar of jam
un bote de mermelada

a loaf of bread
una pieza (barra) de pan

a piece of cheese
un trozo (porción) de queso

a six-pack of beer
un pack de seis cervezas

a dozen eggs*
una docena de huevos

* Esta expresión no usa la preposición **«of»**.

We need to buy **a carton of** orange juice, **a bunch of** grapes, **two cans of** beer, **a dozen** eggs and **a loaf of** bread.
Necesitamos comprar un cartón de jugo de naranja, un racimo de uvas, dos latas de cerveza, una docena de huevos y una barra de pan.

Ejercicios

1.- Completar con la «tag question».

a) Sheila is an artist, _____ ?

b) I don't know you, _____ ?

c) He likes her, _____ ?

d) Your parents can't speak Chinese,

_____ ?

e) Those books are cheap,

_____ ?

f) You bought a bottle of beer,

_____ ?

g) Peter didn't come to the party,

_____ ?

2.- ¿En qué tipo de envase solemos encontrar........?

h) la leche _____

i) la mermelada _____

j) el vino _____

---

unidad 61

contenido

1 EL VERBO «ESPERAR» [«TO HOPE», «TO EXPECT» Y «TO WAIT (FOR)»]
2 «TAMBIÉN» Y «TAMPOCO»
3 LAS EDADES – *Ages*
4 EJERCICIOS

EL VERBO «ESPERAR» [«TO HOPE», «TO EXPECT» Y «TO WAIT (FOR)»]

El verbo *esperar* tiene tres equivalentes en inglés: «to **hope**», «to **expect**» y «to **wait (for)**», que se usan en distintas situaciones.

«**To hope**» implica tener deseo o esperanza de que algo ocurra, sin tener evidencia de que ello va a suceder. Es más emocional.

I **hope** he does well tomorrow
Espero que lo haga bien mañana

We **hope** to win the lottery
Esperamos ganar la lotería

«**To expect**» se usa al esperar algo con evidencia de que va a tener lugar. Es más mental.

She is **expecting** a baby
Ella está esperando un hijo

I **expect** him to come at six
Espero que él venga a las seis (porque tenemos una cita)

«**To wait**» expresa la espera física. Si se espera algo o a alguien, usamos la preposición «**for**».

My mother is **waiting for** me
Mi madre me está esperando

Are you **waiting for** the bus?
¿Estás esperando el autobús?

«TAMBIÉN» Y «TAMPOCO»

En la unidad 30 se tratan algunas formas para expresar «*también*» (also, too, as well). Otra de ellas aparece cuando se hace alguna declaración y se quiere añadir que otra persona también realiza la acción, para lo que se usa:

So + auxiliar (afirmativo) + sujeto

Si la primera declaración contiene un verbo auxiliar, se usará el mismo la segunda vez, pero si no lo contiene, tendremos que hacer uso de «do/does/did».

She <u>is</u> Spanish. **So am I**
Ella es española. Yo, también

They <u>can</u> speak Arabic. **So can he**
Ellos saben hablar árabe. Él, también

My sister <u>likes</u> traveling. **So do I**
A mi hermana le gusta viajar. A mí, también

I usually <u>read</u> the newspaper.
So does my mother
*Normalmente leo el periódico.
Mi madre, también*

Brenda <u>went</u> to school by bus. **So did we**
*Brenda fue a la escuela en autobús.
Nosotros, también*

167

Si lo que se expresa es que alguien no realiza una acción y se añade que otra persona «*tampoco*», se usa:

Neither + auxiliar (afirmativo) + sujeto

They <u>aren't</u> waiting for me.
Neither is she
Ellos no me están esperando.
Ella, tampoco

Susan <u>can't</u> watch the movie.
Neither can I
Susan no puede ver la película.
Yo, tampoco

John <u>doesn't study</u> geography.
Neither do I
John no estudia geografía.
Yo, tampoco

I <u>didn't have</u> breakfast.
Neither did Peter
Yo no desayuné.
Peter, tampoco

baby / *bebé*

child / *niño, niña*

children: *niños/as*

young boy / girl
joven, muchacho/a

teenager
adolescente

adult (man/woman)
adulto/a

elderly / old people
gente mayor

old man/woman
anciano/a

Old people don't sleep much.
Neither does my father.
La gente mayor no duerme mucho.
Mi padre, tampoco.

Ejercicios

1.- Completar las frases con los verbos «to hope», «to expect» o «to wait (for)».

a) I get very annoyed when I have to _____

b) The experts _____ a crisis.

c) They were _____ the train at the station.

d) I _____ it doesn't rain next week.

2.- Completar con «so» o «neither».

e) I'm exhausted. _____ Barbara.

f) He didn't finish it. _____ I.

g) They weren't tired. _____ James.

h) William has a red car. _____ I.

3.- Completar las edades con las vocales que faltan.

i) T _ _ N _ G _ R

j) _ L D _ R L Y   P _ _ P L _

---

unidad 62

EL FUTURO SIMPLE: WILL + INFINITIVO

«Will» es un auxiliar que, delante del **infinitivo** del verbo (sin «to»), lo transforma en futuro. Es una forma invariable para todas las personas. Así:

[To have: *tener*]		
I	**will** <u>have</u>	*yo tendré*
you	**will** <u>have</u>	*tú tendrás, usted tendrá*
he	**will** <u>have</u>	*él tendrá*
she	**will** <u>have</u>	*ella tendrá*
it	**will** <u>have</u>	*tendrá*
we	**will** <u>have</u>	*nosotros/as tendremos*
you	**will** <u>have</u>	*vosotros/as tendréis, ustedes tendrán*
they	**will** <u>have</u>	*ellos/as tendrán*

He **will** get a new job
Él conseguirá un nuevo trabajo

I **will** send you a postcard from Italy
Te enviaré una postal desde Italia

169

«Will» se puede contraer en **«'ll»**:

I'll help you / *Te ayudaré*

They**'ll** come soon
Ellos vendrán pronto

En frases negativas usamos
«will not» o su contracción,
«won't», y el verbo en infinitivo:

They **won't**
win the match
*Ellos no
ganarán el
partido*

He **won't** be late
Él no llegará tarde

En preguntas se coloca
«will» delante del sujeto:

Will you get married? / *¿Te casarás?*

What **will** she do? / *¿Qué hará ella?*

Tanto **«will»** como **«won't»** se utilizan
también en respuestan cortas:

Will it rain tomorrow? Yes, it **will**
¿Lloverá mañana? Sí, lo hará

Will she phone you? No, she **won't**
¿Te llamará por teléfono? No, no lo hará

El futuro simple se utiliza:

a) Para predicciones futuras:

She**'ll** get a better job
Ella conseguirá un trabajo mejor

---

b) Para expresar decisiones espontáneas:

- There aren't any potatoes
  - *No hay patatas*

- OK. I**'ll** buy some
  - *Bueno. Compraré algunas.*

---

c) Para invitaciones:

Will you come to the party?
¿Vendrás a la fiesta?

---

d) Para pedir ayuda o un favor:

Will you help me?
¿Puedes ayudarme?

Al usar frases en futuro es muy frecuente el uso de adverbios de tiempo. Algunos de los usados con este tiempo son:

tomorrow			mañana
	morning		mañana
tomorrow	**afternoon**	mañana	por la tarde
	evening		noche
the day after tomorrow		pasado mañana	
	week	la próxima semana	
next	**month**	el próximo mes	
	year	el próximo año	
	Sunday	el próximo domingo	
in + período de tiempo		en/dentro de + período de tiempo	
later		más tarde, después	
soon		pronto	

I'll phone you **tomorrow morning**
Te llamaré mañana por la mañana

They won't come **later**
Ellos no vendrán después

Will you visit us **in two months**?
¿Nos visitarás dentro de dos meses?

Ejercicios

1.- Transformar a futuro:

a) Mary's here today. _____
_____ tomorrow.

b) They don't go swimming.

_____

c) Do you live in a big apartment?

_____

d) Where does he buy the tickets?

_____

e) I go to bed early.

_____

2.- Ordenar las palabras para formar frases.

f) after will do lunch what she ?

_____

g) India to I next won't year go.

_____

h) evening will her tomorrow see we.

_____

3.- ¿»Next» o «last»?

i) My friends came home _____ Friday.

j) My friends will come home _____ Friday.

Soluciones:
1.- a) Mary will be here; **b)** They won't go swimming; **c)** Will you live in a big apartment?; **d)** Where will he buy the tickets?; **e)** I will / I'll go to bed early. **2.- f)** What will she do after lunch?; **g)** I won't go to India next year; **h)** We will see her tomorrow evening. **3.- i)** last; **j)** next.

---

unidad 63
contenido

1. EL FUTURO DE INTENCIÓN: «BE GOING TO + INFINITIVO»
2. EL JARDÍN – *The garden*
3. EJERCICIOS

EL FUTURO DE INTENCIÓN: «BE GOING TO + INFINITIVO»

Además del uso de «will», otra forma de futuro se expresa por medio del **presente del verbo «to be» (am / are / is) + going to + infinitivo**.

Se utiliza:

1) Para expresar planes o intenciones:

She **is going to** buy a magazine
Ella va a comprar una revista

2) Para hacer una predicción con evidencia:

It's cloudy. It**'s going to** rain
Está nublado. Va a llover

Sus formas son:

a) En frases afirmativas:

He **is going to** make a cake

Él va a hacer un pastel

They **are going to** be late
Ellos van a llegar tarde

El verbo «to be» se puede contraer:

You**'re going to** learn many things
Vas a aprender muchas cosas

He**'s going to** listen to the radio
Él va a escuchar la radio

I **am not going to write** a book
No voy a escribir un libro

They **aren't going to** sell their apartment
Ellos no van a vender su apartamento.

Are you **going to** buy a dictionary?
¿Vas a comprar un diccionario?

Where **is** your sister **going to** live?
¿Dónde va a vivir tu hermana?

Are you going to see the
match on TV? Yes, I **am**.
¿Vas a ver el partido en televisión? Sí.

Is he going to be your
teacher? No, he **isn't**.
¿Él va a ser tu profesor? No.

I**'m going to** the movies on Saturday
El sábado voy a ir al cine

They**'re coming to** the meeting
Ellos van a venir a la reunión

Recuerda

Coloquialmente, en inglés
americano hablado es muy frecuente
el uso de «**gonna**» por «**going to**»:

We're **gonna** move house
Nos vamos a mudar de casa

VOCABULARIO: EL JARDÍN – *The garden*

flower	*flor*
tree	*árbol*
bush	*arbusto*
grass/lawn	*hierba, césped*
lawnmower	*cortacésped*
rake	*rastrillo*
watering-can:	*regadera*
flowerpot	*macetero*
to water	*regar*
fence	*valla*
barbecue	*barbacoa*
gate	*puerta*
flower-bed	*jardinera*
hedge	*seto*

Are you going to **water** the plants?
¿Vas a regar las plantas?

I'm not going to buy a new **lawnmower**.
No voy a comprar un cortacésped nuevo.

Ejercicios

1.- Forma frases con el futuro de intención.

a) (Fred / study / history)
_____

b) (you / go / supermarket)
_____ ?

c) (They / not / watch / the movie)
_____

d) (I / not / read / that book)
_____

e) (his dogs / eat / now)
_____ ?

f) (Luke / smoke / a cigar)
_____

2.- Traduce estas palabras y se leerá verticalmente otra relacionada con el jardín:

g) macetero **h)** rastrillo
i) regadera **j)** valla

[crossword grid with rows g, h, i, j and * marked above column]

unidad 64

EL FUTURO CONCERTADO

El futuro concertado es el tiempo usado para aquella acción futura que ya se ha acordado o convenido. De alguna manera, sería el utilizado con aquellas acciones que apuntaríamos en una agenda.

A veces esta forma de futuro puede confundirse con el futuro de intención (be going to). Uno expresa que la acción ya está acordada (presente continuo) y el otro sólo expresa un deseo, una intención.

Se forma con el **presente continuo** del verbo que usemos.

On May, 11th, **I'm seeing** the dentist.
El 11 de mayo voy a ver al dentista.

She's flying to New York tomorrow morning.
Ella volará a Nueva York mañana por la mañana.

We **aren't meeting** on Friday.
No vamos a reunirnos el viernes.

We **are getting married** next month.
Vamos a casarnos el próximo mes.

I'm having lunch with Michael next Wednesday.
Voy a comer con Michael el miércoles próximo. (Así lo hemos acordado)

I'm going to have lunch with Michael next Wednesday.
Voy a comer con Michael el miércoles próximo. (Es mi intención)

EXPRESIONES PARA REAFIRMAR IDEAS

En una conversación es frecuente reafirmar ideas que se van diciendo. Para ello se utilizan expresiones como:

| de hecho, en realidad, realmente | { | in fact as a matter of fact really actually |

Como vemos, todas estas expresiones son sinónimas.

I'm good at geography. **In fact**, it's my favorite subject.
Se me da bien la geografía. De hecho, es mi asignatura favorita.

He's tall. **As a matter of fact**, he's taller than his father.
Él es alto. De hecho, es más alto que su padre.

Are you **really** well?
¿Estás realmente bien?

I play soccer. **Actually**, it's the only exercise I do.
Juego al fútbol. En realidad, es el único ejercicio que hago.

VOCABULARIO:
EN LA TIENDA DE ROPA
At the clothing store

Frases usuales en la tienda de ropa:

Can I help you? / *¿Puedo ayudarle?*

I'm just looking / *Sólo estoy mirando.*

I'd like a... / *Quiero un...*

Do you have...? / *¿Tienen...?*

Can I try it on? / *¿Puedo probármelo?*

What size is it? / *¿Qué talla es?*

What size do you take?
¿Qué talla tiene usted?

Do you have it in a different color?
¿Lo tiene en otro color?

I'll take it. / *Me lo llevo*

Can you gift-wrap it for me, please?
¿Me lo puede envolver para regalo, por favor?

That is all / *Es todo*

Can I pay by credit card?
¿Puedo pagar con tarjeta de crédito?

Sorry, we only accept cash
Lo siento, sólo aceptamos en efectivo

Ejercicios

1.- Usar el futuro concertado o el de intención en las frases siguientes:

a) They _____ (come) for a meal tonight.

b) I phoned my parents and I _____ (visit) them on the weekend.

c) Where _____ you _____ (go)?

d) They _____ (build) a new casino.

e) What day _____ she _____ (meet) John?

2.- Ordenar las palabras para formar frases.

f) I don't like it. (horrible actually is it).

_____

g) He plays tennis very well. (he fact is best player tennis in the).

_____

3.- ¿Cómo preguntas si puedes probarte la camisa en una tienda de ropa?

_____

4.- ¿Cómo se pregunta por la talla que alguien tiene?

_____

5.- ¿Cómo preguntas si puedes pagar con tarjeta de crédito?

_____

LOS VERBOS «TO MEET» Y «TO KNOW»

Estos verbos pueden confundirse en algunas situaciones.

«To meet» significa «*conocer a alguien*».

I met your father last week
Conocí a tu padre la semana pasada

I'd like to **meet** her
Me gustaría conocerla

A veces puede ir acompañado del ordinal «first»:

I **first met** him last year
Lo conocí el año pasado

Además, «**to meet**» significa también «*reunirse, encontrarse*».

We **meet** every Friday
Nos reunimos todos los viernes

Let's **meet** tomorrow!
¡Vamos a vernos mañana!

177

«To know» también significa *«conocer»*, pero con sentido de *«tener como conocido».*

I **know** him very well
Lo conozco muy bien

She **knows** the president
Ella conoce al presidente

Al hablar de lugares, nunca utilizaríamos «to meet», sino «to know».

I **know** London well
Conozco Londres bien

EXPRESAR ACUERDO O DESACUERDO

a) La forma más usual de mostrar acuerdo es diciendo:

I agree *(estoy de acuerdo).*

- These views are beautiful!
- Yes, **I agree**
– *¡Estas vistas son preciosas!*
– *Sí, estoy de acuerdo.*

Se puede estar de acuerdo con algo o con alguien. Entonces usamos «with»:

- Eating vegetables is healthy
- Yes, **I agree with** that
- *Comer verdura es saludable*
- *Sí, estoy de acuerdo con eso*

- I want to go to university
- **I agree with** you. It's a great idea!
- *Quiero ir a la universidad*
- *Estoy de acuerdo contigo. Es una gran idea*

Otras maneras de mostrar acuerdo o conformidad:

That's settled! / *¡Hecho!*

It's a deal! / *¡Trato hecho!*

b) Para mostrar desacuerdo se puede decir **I don't agree** o **I disagree** *(no estoy de acuerdo).*

-Going to the beach is a good plan for the weekend
-**I disagree**. It's going to rain
-*Ir a la playa es un buen plan para el fin de semana*
-*No estoy de acuerdo. Va a llover.*

VOCABULARIO:
EN EL BANCO – *At the bank*

loan	*préstamo*
debt	*deuda*
check	*cheque*
current account	*cuenta corriente*
window	*ventanilla*
line	*cola*
credit	*crédito*
debit	*débito*
cash	*dinero en efectivo*
mortgage	*hipoteca*
foreign currency	*moneda extranjera*
safe	*caja fuerte*
ATM	*cajero automático*
teller	*cajero (persona)*
bill	*billete*
coin	*moneda*
savings	*ahorros*
to save	*ahorrar*
to withdraw money	*retirar dinero*
to make a deposit	*ingresar dinero*

I met him at the **bank**. He's a **teller**
Lo conocí en el banco. Es cajero

They need to **withdraw** some **money**
Ellos necesitan sacar algo de dinero

My grandmother doesn't
know how to use an **ATM**
*Mi abuela no sabe cómo
usar un cajero automático*

Ejercicios

1.- Usar «meet» o «know» en el tiempo correspondiente.

a) I _____ her in a pub last summer.

b) Do you _____a boy called James Burn?

c) Where did she _____you?

d) Did your sister _____ anyone famous?

e) I ____ some things about your cousin.

f) Are you_____ them on Sunday?

g) They didn't _____me at the party.

h) She _____ the answers when she did the exam.

2.- ¿Qué expresión se usa para decir que se está de acuerdo con algo?

_____

3.- ¿Qué nombre reciben los billetes y las monedas en inglés americano?

_____

unidad 66

Contenido

1 EXPRESAR POSIBILIDAD Y CERTEZA
2 USO DE «SHALL»
3 EXPRESIONES DE SORPRESA
4 EN LA COMISARÍA – *At the police station*
5 EJERCICIOS

EXPRESAR POSIBILIDAD Y CERTEZA

a) Para <u>expresar posibilidad</u> se pueden usar los verbos modales «**may**», «**could**» y «**might**». En los tres casos se expresa que la acción puede tener lugar, aunque con «might», la posibilidad es más remota.

	may	
sujeto +	could	+ infinitivo (sin to)
	might	

She **may** come, but I don't really know.
*Puede que ella venga,
pero no lo sé realmente.*

It **could** rain tomorrow
Puede que llueva mañana

They **might** win the match,
but they are bad players
*Puede que ganen el partido,
pero son malos jugadores*

Si la posibilidad es negativa se usa «not» tras los verbos modales.

He **may not** come to the party
Puede que él no venga a la fiesta

It **might not (mightn't)** be windy
Puede que no haga viento

b) Para <u>expresar certeza</u> se hace uso de los verbos «**must**», si la frase es afirmativa y «**can't**», si es negativa.

That **must** be Fred. He always
phones at this time
*Tiene que ser Fred. Siempre
llama a esta hora*

He **can't** be dancing.
He hates it
*Él no puede estar
bailando. Lo odia*

USO DE «SHALL»

«**Shall**» es un verbo modal que se usa para indicar una acción futura (como «will», pero sólo para los sujetos «I» y «we»), pero, en la práctica, en inglés americano no se utiliza mucho, aunque a veces aparece en sugerencias u ofrecimientos o en lenguaje muy formal.

Shall I help you? / *¿Te ayudo?*

Shall we move into the living-room?
¿Nos vamos al salón?

EXPRESIONES DE SORPRESA

Para expresar sorpresa se puede hacer uso de las estructuras siguientes:

a) Si nos referimos a un nombre contable en singular:

What + a(n) + (adjetivo) + nombre!
¡Qué + nombre + (tan / más + adjetivo)!

What a beautiful dress!
¡Qué vestido tan bonito!

What an expensive lamp!
¡Qué lámpara tan cara!

b) Si el nombre es incontable o contable en plural:

What + (adjetivo) + nombre!
¡Qué + nombre + (tan / más + adjetivo)!

What lovely music!
¡Qué música tan maravillosa!

What big rooms!
¡Qué habitaciones tan grandes!

VOCABULARIO:
EN LA COMISARÍA
At the police station

to arrest	*detener*
thief	*ladrón*
burglar	*ladrón (de casas)*
pickpocket	*ratero*
shoplifter	*ladrón (en tiendas)*
robber	*ladrón, atracador*
robbery	*robo*
to steal, rob	*robar*
to report	*denunciar*
witness	*testigo*
crime	*delito*
murder	*asesinato*
fingerprints	*huellas dactilares*
police officer, cop	*agente de policía*

The **police** may **arrest** the **thief**
Puede que la policía detenga al ladrón

The **witness reported** the **crime**
El testigo denunció el delito

What a terrible **murder**!
¡Qué asesinato tan horrible!

He is a **shoplifter** and may **steal** things in this shop.
Él es un ladrón y puede que robe cosas en esta tienda.

Ejercicios

1.- Usar los verbos modales para expresar posibilidad o certeza.

a) A burglar _____ steal that picture. (posibilidad real)

b) The robbery _____ be reported. (certeza afirmativa)

c) John _____ be a shoplifter. He is an excellent person. (certeza)

d) These _____ be her fingerprints. (posibilidad remota)

2.- Formular expresiones de sorpresa con los siguientes adjetivos y nombres.

e) book – interesting _____

f) people – noisy _____

g) cell phone – modern

h) music – relaxing _____

3.- Responder:

i) ¿Cómo se denomina a la persona que se ocupa de robar cosas de bolsos y bolsillos?

_____

j) ¿Cómo se denomina a la persona que presencia un delito?

_____

Soluciones:

1.- a) may / could;
b) must; **c)** can't;
d) might. **2.- e)** What an
interesting book!; **f)** What
noisy people!; **g)** What a modern cell
phone!; **h)** What relaxing music.
3.- i) Pickpocket; **j)** Witness.

---

unidad 67

contenido

1. POSICIÓN DE LOS ADVERBIOS (MODO, LUGAR, TIEMPO)
2. EXPRESIONES PARA ENUMERAR U ORDENAR ACCIONES
3. EN LA OFICINA DE CORREOS
   – At the post office
4. EJERCICIOS

POSICIÓN DE LOS ADVERBIOS (MODO, LUGAR, TIEMPO)

La posición de los adverbios de modo, lugar y tiempo suele ser al final de la oración aunque, principalmente los de tiempo, también pueden situarse al principio. Cuando concurren más de uno de ellos, el orden que siguen es: modo, lugar y tiempo. Así:

She is dancing **happily** **at the disco**
  modo   lugar
Ella está bailando feliz en la discoteca

182

They were **here yesterday**
lugar   tiempo
Ellos estuvieron aquí ayer.

Did you work **hard last year**?
modo   tiempo
¿Trabajaste duramente el año pasado?

Is the baby sleeping
quietly on the couch now?
modo   lugar   tiempo
*¿Está el bebé durmiendo
tranquilamente en el sofá ahora?*

First I got up, **then** I took a shower,
after that I had breakfast and, **finally**,
I took the children to school.
*Primero me levanté, luego tomé una
ducha, después desayuné y, finalmente,
llevé a los niños a la escuela.*

When she gets home, **first** she has
dinner and **then** she watches TV.
*Cuando ella llega a casa, primero cena
y luego ve la TV.*

EXPRESIONES PARA ENUMERAR U ORDENAR ACCIONES

Cuando se está relatando o escribiendo
alguna situación donde tienen lugar
varias acciones, para seguir un
orden o enumeración se utilizan
las siguientes expresiones:

First

primero, en primer lugar

Then

luego, después

After that

luego, después, después de eso

Later

más tarde, posteriormente, después

Finally

finalmente, por último

¡Ojo!: Un error habitual es utilizar
«after» como *después*, cuando en
realidad es *después de*. Es una
preposición que necesita que le siga
un sustantivo:

We went for a walk
after the meal
*Fuimos a dar un paseo
después de la comida*

Como hemos visto en esta unidad,
«*después*» equivale a «**later**»,
«**then**, o «**after that**».

We have to study now.
We can watch TV **later**.
*Tenemos que estudiar ahora.
Podemos ver la televisión después.*

VOCABULARIO:
EN LA OFICINA DE CORREOS
At the post office

letter	*carta*
postcard	*postal*
parcel	*paquete*
stamp	*sello*
envelope	*sobre*
postman	*cartero*
address	*dirección*
mailbox	*buzón*
telegram	*telegrama*
postal code	*código postal*
registered letter	*carta certificada*
to mail a letter	*echar una carta*
to send a letter	*enviar una carta*

First I wrote a **letter**, then I bought
a **stamp** and, finally, I **mailed** it
*Primero escribí una carta, luego compré
un sello, y, finalmente, la eché al correo*

I always write the **address**
carefully on the envelope
*Siempre escribo la dirección
cuidadosamente en el sobre*

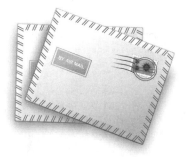

Ejercicios

1.- Colocar los adverbios correctamente
en las frases que lo necesiten.

a) Sarah is today at school.

b) They live in summer in Majorca.

c) He was driving in the city yesterday slowly.

d) Did you swim in the sea when you were four
years old?

2.- Ordenar estas acciones usando «first»,
«later» y «finally» y los verbos en pasado.

e) We watch a movie. I meet my friend.
We go home.

f) He get the Nobel prize. He discover
a new remedy. He study medicine.

3.- Traducir al inglés
resolviendo el
crucigrama.

g) paquete
h) sello
i) tarjeta postal
j) buzón

184

unidad 68

1 «TODAVÍA» («STILL» Y «YET»)
2 TANTO...COMO (BOTH...AND), O...O (EITHER...OR), NI...NI (NEITHER...NOR)
3 EL CUERPO HUMANO – *The human body*
4 EJERCICIOS

«TODAVÍA» («STILL» Y «YET»)

Los adverbios **«still»** y **«yet»** significan *«todavía»*, pero su uso y posición es diferente.

«Still» se utiliza en frase afirmativas y en preguntas.

a) Se coloca después de un verbo auxiliar en las frases afirmativas:

I'm **still** watching TV
Todavía estoy viendo la televisión

She can **still** drive
Ella todavía puede conducir

En las preguntas sólo cambia el orden del auxiliar y el sujeto:

Is he **still** waiting for you?
¿Todavía te está esperando él?

Can he **still** play soccer?
¿Todavía puede él jugar al fútbol?

b) Se coloca delante de cualquier verbo no auxiliar, tanto en frases afirmativas como en preguntas:

I **still** go to the gym
Todavía voy al gimnasio

She **still** has some savings
Ella todavía tiene algunos ahorros

Does he **still** smoke?
¿Todavía fuma él?

«Yet» se utiliza en frases negativas y siempre se coloca al final de las mismas.

I am not having lunch **yet**
Todavía no estoy almorzando

He doesn't work **yet**
Todavía él no trabaja

TANTO...COMO (BOTH...AND), O...O (EITHER...OR), NI...NI (NEITHER...NOR)

a) «**Both**» significa «ambos/as», «los/las dos».

Both men are Mexican
Los dos hombres son mexicanos

I like **both** cars
Me gustan ambos (los dos) autos

Pero también podemos encontrar «both» en la estructura:

both... and... / *tanto... como...*

La usamos al referirnos a dos personas o cosas:

Both John **and** Mike are politicians
Tanto John como Mike son políticos

Both you **and** I have children
Tanto tú como yo tenemos hijos

b) Para presentar una alternativa o indicar una opción usamos:

either...or... / *o...o...*

We can **either** watch TV **or** listen to music
Podemos ver la TV o escuchar música

c) Para indicar que ninguna opción es posible:

neither...nor... / *ni...ni...*

Neither you **nor** your children like beans.
Ni a ti ni a tus hijos os gustan las alubias.

VOCABULARIO: EL CUERPO HUMANO
The human body

head	*cabeza*
neck	*cuello*
shoulder	*hombro*
back	*espalda*
chest	*pecho*
arm	*brazo*
elbow	*codo*
wrist	*muñeca*
hand	*mano*
finger	*dedo (de la mano)*
nail	*uña*
waist	*cintura*
leg	*pierna*
knee	*rodilla*
calf	*pantorrilla*
ankle	*tobillo*
foot	*pie*
toe	*dedo (del pie)*

She is still painting her **nails**
Ella todavía se está pintando las uñas

I'm not washing my **hands** yet
No me estoy lavando las manos todavía

Both my **elbow** and my **wrist** hurt
Me duelen tanto el codo como la muñeca

Recuerda

Las partes del cuerpo suelen ir precedidas por un adjetivo posesivo en lugar de un artículo, como ocurre en español.

Ejercicios

1.- Ordenar las palabras para formar frases.

a) learning still I'm to salsa dance.

_____

b) living yet she in Miami isn't.

_____

c) that car old do still have you ?

_____

2.- ¿Qué parte del cuerpo...

d) ...cubrimos con una bufanda?

_____

e) ...usamos para coger cosas?

_____

f) ...hace que las piernas puedan doblarse?

_____

3.- Completar con «both...and», «either...or» o «neither...nor».

g) _____ my arms _____ my legs are long. (todos)

h) I can eat _____ a sandwich _____ a banana. (una cosa)

i) _____ Canada _____ Mexico are European countries.

j) She likes _____ biology _____ chemistry. (ambas)

---

unidad 69

USO DE «SHOULD»

El verbo modal **«should»** equivale a la forma condicional del verbo «*deber*» (*debería, deberías,...*). Tiene la misma forma para todas las personas y va delante de un infinitivo sin «to». Así:

You **should** take a pill
Debería tomarse una píldora

She **should** study harder
Ella debería estudiar más

We **should** go and see the doctor
Deberíamos ir a ver al médico

I **should** be happy
Yo debería estar contento

You **should** brush your teeth three times a day.
Deberías cepillarte los dientes tres veces al día.

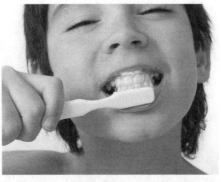

La forma negativa es
«should not» o **«shouldn't»**.

You **shouldn't** smoke. It's harmful

No deberías fumar. Es dañino

He **shouldn't** go home alone

Él no debería ir a casa solo

I **shouldn't** drink alcohol

Yo no debería beber alcohol

Para realizar preguntas invertimos el orden entre **«should»** y el sujeto.

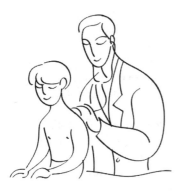

Should I take any medicine?

¿Debería tomar alguna medicina?

Should we buy a painkiller?

¿Deberíamos comprar un analgésico?

What doctor **should** she visit?

¿A qué médico debería visitar ella?

Todas estas estructuras se utilizan para dar o pedir consejos, recomendaciones o sugerencias, pero en ningún caso expresan obligación.

PEDIR Y DAR CONSEJOS O SUGERENCIAS

Acabamos de ver que para expresar (dar y pedir) consejos o sugerencias usamos **«should»**.

What **should** I do?
¿Qué debería hacer yo?

You **should** ...
Tú deberías...

Pero también se puede incluir el verbo «to think» (*pensar, creer*)

What do you <u>think</u> I **should** do?
¿Qué crees que yo debería hacer?

I <u>think</u> you **should** come with us
Creo que deberías venir con nosotros

Si al dar un consejo añadimos una negación, ésta acompaña a «debería» en español, pero en inglés, el verbo que se niega es «to think».

I <u>don't think</u> you should smoke.
Creo que no deberías fumar.

 NO

I think you shouldn't smoke.

VOCABULARIO:
LA SALUD – Health

healthy	*sano, saludable*
illness, disease	*enfermedad*
ill, sick	*enfermo*
doctor	*médico*
nurse	*enfermera*
surgeon	*cirujano*
dentist	*dentista*
patient	*paciente*
allergy	*alergia*
cold	*resfriado*
depression	*depresión*
fever	*fiebre*
flu, influenza	*gripe*
(to) cough	*toser, tos*
(to) sneeze	*estornudar, estornudo*
ache, pain	*dolor*
painful	*doloroso*
painkiller	*analgésico*
tablet	*pastilla*
prescription	*receta*

I think she should go to the **dentist**.
Creo que ella debería ir al dentista.

I have a **cold**. What should I do?
Tengo un resfriado. ¿Qué debería hacer?

She is **sick**. I don't think she should go out.
Ella está enferma. Creo que no debería salir.

Ejercicios

1.- Ordenar las palabras para formar frases.

a) think my should I go doctor father to the.

b) we should buy where that ?

c) drink I think too don't you much should.

2.- Usar «should / shouldn't» y alguno de los verbos siguientes para completar las frases: study, go, take, read, accept.

d) I don't think you _____ that job.

e) Where_____she_____?

f) Do you think I _____ that article?

g) It isn't raining. We_____the umbrella.

h) You have an exam tomorrow.
You _____ now.

3.- ¿Qué tipo de médico lleva a cabo operaciones?

_____

4.- ¿Qué nombre recibe la persona que acude al médico?

_____

189

unidad 70

1 LOS VERBOS «TO BORROW» Y «TO LEND»
2 USO DE «IN SPITE OF» Y «DESPITE»
3 EN EL CENTRO COMERCIAL – *At the mall*
4 EJERCICIOS

LOS VERBOS «TO BORROW» Y «TO LEND»

Estos verbos se prestan a alguna confusión cuando se usan.

«**To borrow (something from someone)**» es «*pedir prestado (algo a alguien)*», mientras que «**to lend (someone something / something to someone)**» es «*prestar (algo a alguien)*».

I **borrowed** this book from my brother.
Le pedí prestado este libro a mi hermano.

My brother **lent** me this book.
Mi hermano me prestó este libro.

El problema aparece en la frase del tipo «*¿Me prestas ......?*», ya que no se usa el verbo «**to lend**», sino «**to borrow**», lo que literalmente significaría «*¿Te puedo pedir prestado ...?*»

Can I **borrow** your calculator?
¿Me prestas la calculadora?,
¿Me puedes prestar la calculadora?

Can I **borrow** your car?
¿Me prestas el auto?,
¿Me puedes prestar el auto?

USO DE «IN SPITE OF» Y «DESPITE»

Ambas expresiones son sinónimas y son preposiciones, por lo que van seguidas de un nombre o un pronombre. Equivalen a «*a pesar de, pese a*».

We were walking

in spite of / despite

that bad <u>weather</u>.

Estuvimos paseando a pesar de aquel mal tiempo.

I could understand him **in spite of** his accent.
Pude entenderlo a pesar de su acento.

Despite the traffic, she arrived on time
A pesar del tráfico, llegó puntual

También pueden ir seguidos
de un verbo en gerundio:

In spite of <u>getting up</u>
early, I am not tired.
*A pesar de levantarme temprano,
no estoy cansado.*

I didn't get the job, **despite** <u>having</u>
all the necessary qualifications.
*No conseguí el trabajo, a pesar de tener
todas las calificaciones necesarias.*

No se deben confundir estas
expresiones con «**although**» (*aunque*),
que es una conjunción y va seguida
de un sujeto y un verbo.

Although <u>it rained</u> a lot,
we enjoyed our trip.
*Aunque llovió mucho,
disfrutamos de nuestro viaje.*

In spite of <u>the rain</u>,
we enjoyed our trip.
*A pesar de la lluvia, disfrutamos
de nuestro viaje.*

Can I borrow a book from a
bookstore? No, you can't
*¿Puedo pedir prestado un libro
de una librería? No, no puedes*

She went to the **hairdresser's**
despite being a windy day
*Ella fue a la peluquería a pesar
de ser un día de viento*

Ejercicios

1.- ¿»Borrow» o «lend»?

a) Could you_____me some money, please?

b) They can_____a book from the library.

c) Should I _____him my umbrella?

d) You can_____my bike, but be careful.

2.- ¿»In spite of / despite» or «although»?

e) I could sleep well_____
the noise.

f) She went to work_____
she was sick.

g) They won the match_____playing
very badly.

h) They won the match_____they
played very badly.

3.- ¿En qué tienda compramos...?

i) un martillo y unos tornillos

_____

j) un jarabe_____

---

1 EL VERBO «BE ABLE TO»
2 EN EL MÉDICO – *At the doctor's*
3 EXPRESAR OPINIONES
4 EJERCICIOS

EL VERBO «BE ABLE TO»

El verbo «be able to» (*ser capaz de*)
se usa para expresar habilidad.
Es un sinónimo de «can»

She can drive = She **is able to** drive
Ella sabe conducir

A diferencia de «can», que sólo se
usa en presente, y «could», que se usa
en pasado, «**be able to**» puede usarse
en cualquier tiempo.

She **wasn't able to** swim
Ella no sabía nadar

They **will be able to** play the piano
Ellos sabrán tocar el piano.

«**Be able to**» también tiene forma de infinitivo.

I would like **to be able to** speak German
Me gustaría saber hablar alemán

VOCABULARIO:
EN EL MÉDICO – *At the doctor's*

Para expresar algunos problemas de salud podemos usar las expresiones siguientes:

a) Con la terminación «-**ache**» se suelen expresar cinco dolencias:

To have a(n)

headache *tener dolor de cabeza*
stomachache *tener dolor de estómago*
toothache *tener dolor de muelas*
backache *tener dolor de espalda*
earache *tener dolor de oídos*

I have a terrible **headache**
Tengo un terrible dolor de cabeza

El resto se puede expresar por medio de:

b) I have a sore... / *Me duele el/la...*
I have a sore foot
Me duele un pie

c) I have a pain in my... / *Me duele el/la...*
I have a pain in my arm
Me duele el brazo

d) My......hurts / *Me duele el/la...*
My shoulder hurts
Me duele el hombro

En los apartados b, c y d, el sujeto o el posesivo varían según la frase.

He has a sore leg
Le duele la pierna (a él)

We don't have a pain in our knees
No nos duelen las rodillas

Her elbow hurts
Le duele el codo (a ella)

EXPRESAR OPINIONES

Cuando queremos dar alguna opinión, muchas veces usamos expresiones de introducción, como:

I think...

Pienso / Creo...

I suppose...

Supongo...

I guess...

Creo / Me parece...

I don't think it will rain tomorrow
Creo que no lloverá mañana

193

I **suppose** you're coming to the party
Supongo que vendrás a la fiesta

I **guess** he doesn't feel well
Me parece que él no se siente bien

I **suppose** this tablet will do you good
Supongo que esta pastilla le hará bien

I have a stomachache.
I **think** I ate too much yesterday
Tengo dolor de estómago.
Creo que comí demasiado ayer

She isn't able to move.
I **think** she is exhausted.
Ella no se puede mover.
Creo que está agotada.

Ejercicios

1.- Sustituir el verbo «can» por «be able to».

a) They can pass the test.

b) My mother couldn't make the cake.

c) Can he repair his car?

d) I can't play chess. .

e) I had a backache and I couldn't stand up

2.- Ordenar las palabras para formar frases.

f) pain I he a think has shoulder his in.

g) you right I are guess.

h) it's suppose too I late.

3.- Completar las frases sobre dolencias con las palabras que faltan. Los verbos han de conjugarse en presente, de forma afirmativa.

i) It _____ a _____ in _____ legs.

j) We _____ a _____ throat.

USOS DE «HOW» (I)

Como pronombre interrogativo significa «*cómo*»

How are you?
¿Cómo estás?

How did you go to New York?
¿Cómo fuiste a Nueva York?

Pero en combinación con otras palabras tiene diferentes significados:

HOW ABOUT?

Esta estructura se usa para hacer sugerencias o proposiciones:

«How about» puede ir seguido de:

a) Un verbo. En este caso, el verbo será un gerundio (infinitivo + ing).

How about going to the movies?
¿Qué tal si vamos al cine?

How about eating out tonight?
¿Qué te parece si salimos a cenar esta noche?

b) Un nombre o un pronombre:

En estos casos, la equivalencia en español puede ser también «*¿Y…?, ¿Qué tal…?*»

How about you?
¿Y tú?, ¿Qué tal tú?

How about this cell phone?
¿Qué tal este móvil?

HOW OFTEN?

Se usa para preguntar por la frecuencia con la que ocurre alguna acción:

How often do you go downtown?
¿Con qué frecuencia vas al centro?

How often does he do the shopping?
¿Con qué frecuencia hace él la compra?

HOW FAR?

Lo usamos para preguntar por distancias:

How far is the station?
¿A qué distancia está la estación?

How far is the drugstore
from the bank?
*¿A qué distancia está
la farmacia del banco?*

HOW MUCH?

a) Se utiliza para preguntar
el precio de alguna cosa:

How much is it?
¿Cuánto cuesta?

How much are the pictures?
¿Cuánto cuestan los cuadros?

b) Y también para preguntar por cantidad
con un nombre incontable:

How much juice did you buy?
¿Cuánto jugo compraste?

How much flour does she need?
¿Cuánta harina necesita ella?

HOW MANY?

Se usa para preguntar por cantidad
con un nombre contable:

How many letters did you write?
¿Cuántas cartas escribiste?

How many books are
there on the table?
¿Cuántos libros hay en la mesa?

VOCABULARIO:
EN EL HOTEL – *At the hotel*

guest	*huésped*
to book a room	*reservar una habitación*
booking, reservation	*reserva*
cancellation	*cancelación*
vacancy	*habitación libre*
single room	*habitación individual*
double room	*habitación doble*
floor	*piso*
laundry	*lavandería*
key card	*llave magnética*
lobby	*vestíbulo*
front desk	*recepción*
front desk clerk	*recepcionista*
bellboy	*botones*
elevator	*ascensor*

How about **booking** a **double room**?
*¿Qué tal si reservamos
una habitación doble?*

How many **rooms** are
there in the **hotel**?
¿Cuántas habitaciones hay en el hotel?

How much is the **single room**?
*¿Cuánto cuesta la
habitación individual?*

Ejercicios

1.- Completar las frases con «about», «often», «far», «much» y «many».

a) How _____ students are there in the classroom?

b) How _____ is New York from Madrid?

c) How _____ having a drink?

d) How _____ does she visit her grandparents?

e) How _____ water is there in the bottle?

2.- Ordenar las palabras para formar frases.

f) the front how is elevator the far from desk ?

g) is room how single much the ?

h) do a how you book room often ?

i) guests are how there many ?

j) a room how booking double about ?

USOS DE «HOW» (II)

«**HOW**» también va delante de un adjetivo cuando preguntamos por las características de algo o alguien:

[wide: *ancho*]

How wide is the road?
¿Cómo es de ancha la carretera?
¿Cuánto mide de ancho la carretera?

[tall: *alto*]

How tall is your sister?
¿Cómo de alta es tu hermana?
¿Cuánto mide tu hermana?

197

[old: *viejo*]

How old are you?
¿Qué edad tienes?

[long: *largo*]

How long is that river?
¿Cuánto mide de largo el río?

«HOW LONG?» también se usa para preguntar por la duración de una actividad:

How long did you live in New Orleans?
¿Cuánto tiempo viviste en Nueva Orleans?

How long did she stay at the hotel?
¿Cuánto tiempo se quedó ella en el hotel?

Así mismo se usa para preguntar el tiempo que se tarda en realizar una actividad. Para ello se utiliza también el verbo «**to take**», que, en este caso, significa «*tardar*». El sujeto siempre es «it». Así:

How long does it take to...?
¿Cuánto se tarda en...?

How long does it take to fly to Florida?
¿Cuánto tiempo se tarda en volar a Florida?

How long does it take to make a paella?
¿Cuánto tiempo se tarda en preparar una paella?

Si nos referimos al tiempo que una persona tarda en hacer algo se usan los pronombres objeto, que pasan a ser sujeto en español.

How long does it take
<u>him</u> to get dressed?
¿Cuánto tiempo tarda <u>él</u> en vestirse?

Para contestar:
It takes..... *(Se tarda....)*

It takes two hours
Se tardan dos horas

How long does it take them to get to the city center?
It takes <u>them</u> half an hour.
¿Cuánto tiempo tardan ellos en llegar al centro de la ciudad?
Ellos tardan media hora.

VOCABULARIO:
GEOGRAFÍA - *Geography*

bay	*bahía*
canyon	*cañón*
wood	*bosque*
coast	*costa*
desert	*desierto*
forest	*bosque, selva*
gulf	*golfo*
hill	*colina*
island	*isla*
lake	*lago*
mountain	*montaña*
ocean	*océano*
peak	*pico*
pond	*estanque*
river	*río*
sea	*mar*
strait	*estrecho*
valley	*valle*
volcano	*volcán*
waterfall	*catarata*

How high is that **peak**?
¿Qué altura tiene ese pico?

How deep is the **lake**?
¿Qué profundidad tiene el lago?

How long is the **canyon**?
¿Cuánto mide de largo el cañón? ·

How long does it take to go
from the **pond** up to the **hill**?
*¿Cuánto tiempo se tarda en ir
desde el estanque hasta la colina?*

Ejercicios

1.- Completar las frases con «old»,
«wide», «long», «deep» y «high».

a) How _____ is that mountain?

b) How _____ are your brothers?

c) How _____ is the pond?

d) How _____ is that piece of wood?
(anchura)

e) How_____ are the roads?

2.- Ordenar las palabras para formar
frases:

f) take long to get the to theater how does it ?
_____

g) minutes it twenty takes.
_____

h) him two it hours took to home come.
_____

i) did it you to your how homework long
take finish ?
_____

j) took two it me minutes do this to exercise.
_____

USOS DE «HOW» (III)

«**How**» también puede ir delante de un adjetivo en exclamaciones. En este caso lo usamos cuando mostramos sorpresa.

How nice! *¡Que bonito!*

How interesting! *¡Qué interesante!*

How expensive! *¡Qué caro!*

How hard! *¡Qué duro!*

How terrible! *¡Qué mal!, ¡Qué terrible!*

How funny! *¡Qué divertido!*

- This is my new car
- *Este es mi auto nuevo.*

- **How nice** it is! / - *¡Qué bonito es!*

- She went to China last year
- *Ella fue a China el año pasado*

- **How interesting!**
- *¡Qué interesante!*

- I paid a fortune for this house
- *Pagué una fortuna por esta casa*

- **How expensive!** / - *¡Qué cara!*

REALIZAR INVITACIONES

Para realizar una invitación o aportar una sugerencia se pueden utilizar diversas estructuras, entre las que se encuentran:

Would you like to come to the party?
¿Te gustaría venir a la fiesta?

How about traveling to India?
¿Qué tal si viajamos a India?

Let's go to the movies
Vayamos al cine

Are you doing anything next Saturday?
¿Haces algo el próximo sábado?

Would you be interested in visiting that gallery?
¿Te interesaría visitar esa galería?

Al <u>aceptar</u> podemos decir:

I'd love to, thanks
Me encantaría, gracias

That's very kind of you, thanks
Muy amable de tu parte, gracias

That sounds lovely
Suena muy bien

That's a good idea
Es una buena idea

Al <u>rechazar o declinar</u> la
invitación, se puede decir:

Well, I'd love to, but...
Bueno, me encantaría, pero....

I'm really sorry but I can't
Lo siento mucho pero no puedo

**That's very kind of you,
but actually I can't.**
*Muy amable, pero, en
realidad, no puedo*

**I really don't think I can,
but thank you anyway.**
*En realidad no creo que pueda,
pero gracias de todos modos*

VOCABULARIO:
TURISMO - *Tourism*

cruise	*crucero*
guide	*guía*
brochure	*folleto*
to rent a car	*alquilar un auto*
hostel	*hostal*
accommodations	*alojamiento*
youth hostel	*albergue*
guesthouse	*pensión*
motel	*motel*
inn	*posada*
hotel chain	*cadena hotelera*
season	*temporada*
to go on vacation	*ir de vacaciones*
vacation(s)	*vacaciones*
travel agency	*agencia de viajes*
tourist office	*oficina de turismo*
jouney	*viaje (en un sentido)*
trip	*viaje (ida y vuelta)*

Would you like to stay in a **guesthouse**?
¿Te gustaría alojarte en una pensión?

That **cruise** seems very interesting...
but how expensive!
*Ese crucero parece muy interesante...
pero, ¡qué caro!*

Let's go to the **tourist office** and get some
brochures / Yes, it's a good idea.
*Vayamos a la oficina de turismo y consigamos
algunos folletos. / Sí, es una buena idea.*

Ejercicios

1.- Rellenar los espacios para completar el diálogo.

a) Are _____ doing _____ next Sunday?

b) No, I don't _____ any plan.

c) Would you _____ to_____ to the movies?

d) I'_____love_____, thanks.

2.- Completar el crucigrama con las traducciones de las siguientes palabras:

e) folleto
f) posada
g) guía
h) viaje (ida y vuelta)
i) crucero
j) temporada

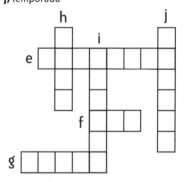

---

1 EL PRETÉRITO PERFECTO (FORMA AFIRMATIVA)
2 EL PRETÉRITO PERFECTO CON «FOR» Y «SINCE»
3 EJERCICIOS

EL PRETÉRITO PERFECTO (FORMA AFIRMATIVA)

El pretérito perfecto (present perfect) es un tiempo verbal formado por el **presente del verbo «to have»** (have / has) y el **participio** del verbo principal:

> I **have studied** Chinese
> *He estudiado chino*

En español, los participios son las formas verbales acabadas en «-ado» e «-ido» (*jugado, comido*). En inglés, los participios de los verbos regulares se forman añadiendo «-ed» al infinitivo (son iguales al pasado), pero en el caso de los verbos irregulares se habrán de memorizar. (Ver lista en apéndice) Su forma afirmativa es:

[To see: *ver*]		
I	**have seen**	*yo he visto*
you	**have seen**	*tú has visto, usted ha visto*
he	**has seen**	*él ha visto*
she	**has seen**	*ella ha visto*
it	**has seen**	*ha visto*
we	**have seen**	*nosotros/as hemos visto*
you	**have seen**	*vosotros/as habéis visto, ustedes han visto*
they	**have seen**	*ellos/as han visto*

I **have seen** her.
La he visto (a ella).

He **has answered** the questions
Él ha respondido a las preguntas.

We **have opened** the box
Hemos abierto la caja.

En pretérito perfecto, «have» se puede contraer en **«'ve»** y «has» en **«'s»**:

They**'ve rented** an apartment
Ellos han alquilado un apartamento

She**'s bought** a new dress
Ella ha comprado un vestido nuevo

¡Ojo!: No confundir la contracción de «has» con la de «is», ni con el caso genitivo. A «has» le seguirá un participio.

Paul**'s** writing a letter
is
Paul está escribiendo una carta.

Paul**'s** written a letter
has
Paul ha escrito una carta.

Paul**'s** dog is small
genitivo
El perro de Paul es pequeño.

EL PRETÉRITO PERFECTO CON «FOR» Y «SINCE»

El pretérito perfecto va muchas veces seguido de «**for**» o «**since**», que se usan como respuesta a la pregunta «**how long?**» *(¿cuánto tiempo?)*:

How long have you lived in Chicago?
¿Cuánto tiempo has vivido en Chicago?

«**For**» *(durante)* va seguido de un período de tiempo.

I've lived in Chicago **for** _five years_.
He vivido en Chicago durante cinco años

She has played the guitar **for** _two months_.
Ella ha tocado la guitarra durante dos meses.

«**Since**» *(desde)* va seguido de un punto en el tiempo, es decir, de un momento determinado (día, mes, año, etc.).

I've lived in Chicago **since** _2007_
He vivido en Chicago desde 2007

She has played the guitar **since** _January_
Ella ha tocado la guitarra desde enero

Ejercicios

1.- Completar las frases con el pretérito perfecto de los verbos siguientes: close, eat, bring, wash, write.

a) We _____ our books to school.

b) The dog _____ its food.

c) John _____ two novels.

d) Your cousin _____ the window.

e) They _____ their hands.

2.- Completar con «for» o «since».

f) He has been a doctor _____ 2003.

g) They have studied that subject _____ a long time.

h) She's worked in that office _____ she arrived in Madrid.

i) I have had this car _____ many years.

j) Peter's father has driven a truck _____ he was twenty-five years old.

Soluciones:

1.- a) have brought;
b) has eaten; **c)** has
written; **d)** has closed;
e) have washed. **2.- f)** since; **g)** for;
h) since; **i)** for; **j)** since.

---

unidad 76

1 EL PRETÉRITO PERFECTO (FORMAS NEGATIVA E INTERROGATIVA)
2 USOS DEL PRETÉRITO PERFECTO
3 EN LA PLAYA – *At the beach*
4 EJERCICIOS

EL PRETÉRITO PERFECTO (FORMAS NEGATIVA E INTERROGATIVA)

Para negar un verbo en pretérito perfecto se utilizan **«haven't»** o **«hasn't»** y el **participio** del verbo que usemos:

Our neighbors **haven't sold** their house
Nuestros vecinos no han vendido su casa

He **hasn't spent** his salary
Él no ha gastado su sueldo

Para formular preguntas se colocan **«have»** o **«has»** delante del sujeto:

What **have** you **done**?

¿Qué has hecho?

Has she **seen** you?

¿Te ha visto ella?

204

En respuestas cortas:

Has he won a silver medal?
Yes, he has.
*¿Ha ganado él una
medalla de plata? Sí.*

Have you sent the letter?
No, I haven't.
*¿Has enviado la carta?
No, no lo he hecho.*

USOS DEL PRETÉRITO PERFECTO

Este tiempo se utiliza:

a) Al referirse a acciones que empezaron en
el pasado y aún continúan en el presente:

I **have worked** for this
company since 2004.
*He trabajado para esta compañía
desde 2004. (Aún trabajo allí).*

She **has lived** in Chicago for two years.
*Ella ha vivido en Chicago durante
dos años (y sigue viviendo allí)*

b) Al citar una experiencia pasada,
sin decir cuándo tuvo lugar:

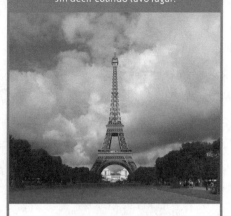

I **have seen** the Eiffel tower
He visto la torre Eiffel

He **has studied** German
Él ha estudiado alemán

Si decimos o preguntamos cuándo
tuvo lugar la acción, el tiempo ha de
cambiar a pasado simple:

I **saw** the Eiffel tower <u>last year</u>
Vi la torre Eiffel el año pasado

He **studied** German <u>a long time ago</u>
Él estudió alemán hace mucho tiempo

<u>When</u> **did** he **study** German?
¿Cuándo estudió él alemán?

c) Para expresar el resultado de una
acción pasada recientemente:

My sister **has broken** her arm.
*Mi hermana se ha roto un brazo.
(Por eso lleva una escayola)*

Someone **has opened** the door
*Alguien ha abierto la puerta.
(Por eso está abierta)*

VOCABULARIO:
EN LA PLAYA – *At the beach*

to sunbathe	*tomar el sol*
suncream	*crema solar*
to get a tan	*broncearse*
suntan lotion	*loción bronceadora*
to get sunburnt	*quemarse*
sunburn	*quemadura*
sunglasses	*gafas de sol*
flip-flops	*chanclas*
umbrella	*sombrilla*
towel	*toalla*
folding chair	*silla plegable*
sea	*mar*
wave	*ola*
shore	*orilla*
sand	*arena*
sandcastle	*castillo de arena*
sailboat	*velero*
lifeguard	*socorrista*

Have you brought the **suntan lotion**?
¿Has traído la loción bronceadora?

I haven't forgotten my **sunglasses**
No me he olvidado las gafas de sol

She's been under the sun for some hours and she's **got sunburnt**.
Ella ha estado bajo el sol durante unas horas y se ha quemado.

Ejercicios

1.- Completar con la forma negativa o interrogativa de los verbos siguientes: eat, forget, make, have, live, be, meet, buy.

a) They _____ anything since yesterday.

b) Where_____you _____it?

c) I _____ in Florida.

d) _____ she_____anyone famous?

e) My brother_____a car for many years.

f) _____ you _____ a suncastle?

g) _____ they_____lifeguards for a long time?

h) His sister _____ the umbrella at home.

2.- ¿Qué tipo de calzado playero es el más popular?

_____

3.- ¿Qué tipo de crema usamos para protegernos del sol?

_____

206

unidad 77

contenido

1 EL PRETÉRITO PERFECTO CON «EVER» Y «NEVER»
2 DIFERENCIAS ENTRE EL PASADO SIMPLE Y
   EL PRETÉRITO PERFECTO
3 ANIMALES (I) - *Animals*
4 EJERCICIOS

EL PRETÉRITO PERFECTO CON «EVER» Y «NEVER»

Con el pretérito perfecto también usamos **«ever»** y **«never»**, para preguntar y responder acerca de experiencias pasadas.

«Ever» equivale a *«alguna vez»*. Se utiliza en preguntas y se coloca delante del participio:

Has she **ever** <u>been</u> to the USA?
¿Ha estado ella alguna vez en los EEUU?

Have you **ever** <u>done</u> a crossword?
¿Has hecho alguna vez un crucigrama?

«Never» equivale a *«nunca»*. Se usa en frases afirmativas (el verbo no lleva negación) y se coloca delante del participio:

They have **never** <u>been</u> to Brazil
Ellos nunca han estado en Brasil

<u>Have</u> you **ever** <u>eaten</u> sushi?
No, I <u>have</u> **never** <u>eaten</u> sushi.
¿Has comido sushi alguna vez?
No, nunca he comido sushi

<u>Has</u> he **ever** <u>won</u> a prize?
No, he <u>has</u> **never** <u>won</u> a prize
¿Ha ganado él un premio alguna vez?
No, él nunca ha ganado un premio

Pero también se pueden usar otros adverbios de frecuencia.

I <u>have</u> **sometimes** <u>watched</u> that program
A veces he visto ese programa

They <u>have</u> **always** <u>been</u> very generous
Siempre han sido muy generosos

«Ever» también se usa con el pretérito perfecto en estructuras con el superlativo. En este caso equivale a *«jamás, nunca»*.

This is <u>the most interesting</u> book (that) I <u>have</u> **ever** <u>read</u>.
Éste es el libro más interesante que jamás he leído.

DIFERENCIAS ENTRE EL PASADO SIMPLE Y EL PRETÉRITO PERFECTO

a) El pasado simple se usa para expresar acciones que ocurrieron en un momento determinado del pasado, mientras que el pretérito perfecto expresa un momento indeterminado.

She **wrote** that book in 1975
Ella escribió ese libro en 1975

She **has written** a book
Ella ha escrito un libro

b) Al usar el pasado simple nos referimos a una acción ya terminada, mientras que con el pretérito perfecto la acción puede continuar en el presente.

I **lived** in Washington for a year.
Viví en Washington (durante) un año.
(Ya no vivo allí)

I **have lived** in Washington for a year.
He vivido en Washington (durante) un año.
(Sigo viviendo allí).

VOCABULARIO: ANIMALES (I) - *Animals*

cow	*vaca*
bull	*toro*
goat	*cabra*
sheep	*oveja*
pig	*cerdo*
horse	*caballo*
hen	*gallina*
turkey	*pavo*
rabbit	*conejo*
bird	*pájaro*
dog	*perro*
cat	*gato*
rat	*rata*
mouse	*ratón*
ox	*buey*
lamb	*cordero*
donkey	*burro*
duck	*pato*

Have you ever seen a **bull**?
¿Has visto alguna vez un toro?

I've never eaten **duck**
Nunca he comido pato

Has he ever ridden a **horse**?
¿Ha montado él alguna vez a caballo?

Ejercicios

1.- ¿Cómo se preguntaría a alguien si...

a) ...ha tocado alguna vez un instrumento?

_____

b) ...ha ganado alguna vez la lotería?

_____

2.- Ordenar las palabras para formar frases.

c) been never she Italy to has.

_____

d) you painted have ever picture a ?

_____

e) have in always they lived small town a.

_____

3.- Corregir las frases que lo precisen.

f) I've lose my keys and I can't find them.

g) She has had a dog when she lived in England.

h) Has your sister ever had a cat?

i) They haven't seen an ox before.

j) I have broken that glass yesterday.

---

1. EL PRETÉRITO PERFECTO CON «JUST», «YET» Y «ALREADY»
2. ANIMALES (II) - *Animals*
3. EXPRESAR NECESIDAD
4. EJERCICIOS

EL PRETÉRITO PERFECTO CON «JUST», «YET» Y «ALREADY»

a) Se usa el **pretérito perfecto** con «just» para indicar que una acción acaba de tener lugar, tanto en oraciones afirmativas como en preguntas. «**Just**» se coloca siempre delante del participio.

I have **just** arrived
Acabo de llegar.

Have you **just** phoned her?
¿Acabas de llamarla?

b) «**Yet**» se usa en oraciones negativas y en preguntas, pero su significado varía. En frases negativas equivale a «*todavía*» y en preguntas significa «*ya*». En cualquier caso, siempre se coloca al final de la frase.

They haven't done their homework **yet**
Ellos no han hecho sus deberes todavía

Has he finished it **yet**?
¿Lo ha terminado (él) ya?

c) «**Already**» (ya) se usa en oraciones afirmativas y en preguntas. Su posición suele ser delante del verbo principal, aunque también puede aparecer al final.

She has **already** read that book
Ella ya ha leído ese libro

Have you **already** seen him?
¿Ya lo has visto?

Para todos estos tipos de oraciones, en inglés americano se pueden usar el pretérito perfecto o el pasado simple.

I <u>have</u> **just** <u>bought</u> a car
=
I **just** <u>bought</u> a car
Acabo de comprar un auto

<u>Have</u> you <u>corrected</u> it **yet**?
=
Did you <u>correct</u> it **yet**?
¿Ya lo has corregido?

He<u>'s</u> **already** <u>washed</u> the dishes
=
He **already** <u>washed</u> the dishes
Él ya ha lavado los platos

210

---

bat	*murciélago*
squirrel	*ardilla*
fox	*zorro*
deer	*ciervo*
wolf	*lobo*
bear	*oso*
kangaroo	*canguro*
camel	*camello*
monkey	*mono*
lion	*león*
tiger	*tigre*
giraffe	*jirafa*
elephant	*elefante*
zebra	*cebra*
seal	*foca*
dolphin	*delfín*
whale	*ballena*
tortoise	*tortuga*

I have just taken a photograph of an **elephant**.
Acabo de tomar una foto de un elefante.

The **fox** hasn't eaten anything yet.
El zorro no ha comido nada todavía.

The **deer** has already run away.
El ciervo ya se ha escapado.

EXPRESAR NECESIDAD

Para expresar necesidad, en inglés se pueden usar diversas fórmulas.

a) El verbo «**to need**» (*necesitar*).

I **need** some butter
Necesito mantequilla.

Si lo que se necesita es hacer algo, se usa «**need + to + infinitivo**».

They **need to study** harder
Ellos necesitan estudiar más

Para expresar falta de necesidad se pueden usar «**don't / doesn't need to + infinitivo**» o bien «**needn't + infinitivo**».

I **don't need to go** there
=
I **needn't go** there
No necesito ir allí

b) Los verbos «**have to**» (*tener que*) y «**must**» (*deber*).

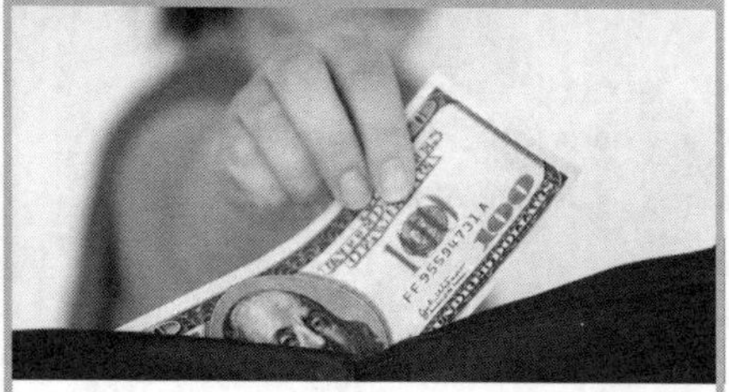

She'll **have to** borrow some money
Ella tendrá que pedir dinero

I **must** see the doctor soon
Debo (necesito) ver al médico pronto

En estos casos, la falta de necesidad se expresará con «**don't / doesn't have to**».

It's Sunday. I **don't have to** get up early.
Es domingo. No tengo (no necesito) levantarme temprano

Ejercicios

1.- ¿»Just», «yet» o «already?

a) James has __________ phoned me four times today. (just, already)

b) They haven't had dinner __________ (yet, already)

c) I've __________ seen this movie. (yet, just)

d) Maureen has __________ arrived from school. (already, yet)

e) Have you __________ watered the plants? (yet, already)

2.- Completar las vocales (vocabulario de animales).

f) M _ N K _ Y

g) B _ _ R

h) S _ _ L

3.- Ordenar las palabras para formar frases.

i) to the eat needs tiger something.

____

j) don't to giraffes need to hunt.

____

Soluciones:

1.- a) already; **b)** yet; **c)** just; **d)** already; **e)** already. **2.- f)** MONKEY; **g)** BEAR; **h)** SEAL. **3.- i)** The tiger needs to eat something; **j)** Giraffes don't need to hunt.

unidad 79

1 EL PRETÉRITO PERFECTO CONTINUO
2 DIFERENCIAS ENTRE EL PRETÉRITO PERFECTO SIMPLE Y CONTINUO
3 LOS MEDIOS DE COMUNICACIÓN – *Media*
4 EJERCICIOS

EL PRETÉRITO PERFECTO CONTINUO

Se forma de la siguiente manera:

Sujeto **+ have / has + been + gerundio +** (complementos)

I **have been studying**
He estado estudiando

She **has been working** all day
Ella ha estado trabajando todo el día

They **haven't been cleaning** their house
Ellos no han estado limpiando su casa

Have you **been sleeping**?
¿Has estado durmiendo?

Has she **been crying**? Yes, she **has**.
¿Ha estado llorando ella? Sí

El pretérito perfecto continuo se usa:

a) Para expresar una acción que empezó en el pasado y aún continúa en el presente.

I**'ve been waiting** here for two hours
He estado esperando aquí durante dos horas

It**'s been raining** since yesterday
Ha estado lloviendo desde ayer

b) Para referirse a una actividad anterior, cuyo resultado se ve en el presente.

I am sweating because I**'ve been running**.
Estoy sudando porque he estado corriendo.

His hands are dirty. He **has been working** in the garden.
Sus manos están sucias. Ha estado trabajando en el jardín.

Hay que tener en cuenta que este tiempo se usa con verbos que impliquen duración. En caso contrario no se usa un tiempo continuo.

I have broken a vase / *He roto un jarrón*

 NO

I have been breaking a vase.
He estado rompiendo un jarrón.

Igualmente, los verbos de estado (like, know, have, etc.) no se usan en pretérito perfecto continuo.

How long **have** you **had** your computer?
¿Cuánto hace que tienes tu computadora?

DIFERENCIAS ENTRE EL PRETÉRITO PERFECTO SIMPLE Y CONTINUO

a) El tiempo simple se puede referir a una acción completa y el continuo no aclara si está completa o no, sino que expresa una acción que tuvo duración.

I've written a letter
He escrito una carta

I've been writing a letter
He estado escribiendo una carta

b) Con el tiempo simple podemos expresar una acción única y con el continuo, una acción repetida.

I've cut myself
Me he cortado

I've been cutting wood
He estado cortando leña

VOCABULARIO:
LOS MEDIOS DE COMUNICACIÓN – *Media*

television	*televisión*
radio	*radio*
press	*prensa*
newspaper	*periódico*
program	*programa*
sitcom	*comedia*
soap opera	*telenovela*
series	*serie*
movie	*película*
documentary	*documental*
news	*noticias*
talk show	*programa de entrevistas*
commercial	*anuncio*
TV set	*televisor*
headline	*titular*
magazine	*revista*
article	*artículo*
remote control	*mando a distancia*

I've been listening to
the **news** on the **radio**.
*He estado escuchando
las noticias en la radio.*

They haven't been watching that **sitcom**.
Ellos no han estado viendo esa comedia.

Have you read the **headlines**?
¿Has leído los titulares?

213

Ejercicios

1.- Completar los espacios con el pretérito perfecto continuo.

a) They_____the cleaning. (not do)

b) _____he _____ ? (dance)

c) Sally and Peter_____ a magazine. (read)

d) I _____ all morning. (work)

2.- ¿Pretérito perfecto simple o continuo?

e) The car _____ (stop)

f) I _____ fruit for some years. (sell)

g) We_____ the house for $500,000. (sell)

h) _____it _____ all day? (snow)

3.- ¿En qué tipo de programa se nos suele mostrar la vida animal?

_____

4.- ¿Cómo se denomina un programa de entrevistas?

_____

1 VERBOS DITRANSITIVOS
2 EL VERBO «TO TAKE»
3 HERRAMIENTAS – *Tools*
4 EJERCICIOS

VERBOS DITRANSITIVOS

Son aquellos verbos que requieren dos objetos: uno indirecto y otro directo.

Siguen el modelo siguiente:

Sujeto	verbo	objeto indirecto	objeto directo
You	told	me	a story
He	has lent	Susan	his car

Otros verbos que habitualmente siguen el modelo ditransitivo son:

to ask	*pedir, preguntar*
to bring	*traer*
to buy	*comprar*
to describe	*describir*
to give	*dar*
to send	*enviar*
to show	*mostrar*

They bought <u>me</u> <u>a birthday cake</u>
Ellos me compraron una tarta de cumpleaños

He will give <u>me</u> <u>his bike</u>
Él me dará su bicicleta

I sent <u>George</u> <u>an email</u>
Envié un correo electrónico a George

She showed <u>us</u> <u>the photos</u>
Ella nos enseñó las fotos

Como se ve en los ejemplos, primero se coloca el objeto indirecto (la persona) y después el objeto directo (normalmente, la cosa). Pero este orden varía cuando se sustituye el objeto directo por un pronombre. En este caso, el objeto directo se coloca en primer lugar y luego el indirecto, precedido por una preposición (usualmente «to» o «for»).

He gave me <u>his book</u>
Él me dio su libro

He gave <u>it</u> to me
Él me lo dio

She bought me <u>two gifts</u>
Ella me compró dos regalos

She bought <u>them</u> for me
Ella me los compró

EL VERBO «TO TAKE»

El verbo «**to take**» tiene muchos significados en español, dependiendo del contexto en el que se use. A continuación se tratan algunos de ellos.

a) Llevar:

He **took** the book to Glenda
Él le llevó el libro a Glenda.

b) Llevar, transportar:

Will you **take** me to the airport, please?
¿Puedes llevarme al aeropuerto, por favor?

c) Coger:

They **took** the bags from the floor
Cogieron las bolsas del suelo

d) Aceptar:

Do you **take** checks?
¿Aceptan cheques?

e) Coger, tomar, ir en:

She **takes** the bus every morning
Ella coge el autobús todas las mañanas

f) Con ropa o calzado, tener una talla o calzar un número:

What size do you **take**? I **take** size 34.
¿Qué talla tiene usted? Tengo la talla 34.

g) Tardar, durar:

How long does the journey **take**?
¿Cuánto dura el viaje?

It **takes** two hours
Dura dos horas.

h) En distintas expresiones, tales como:

-to take a shower/bath

tomar una ducha/baño

-to take an exam

hacer un examen

-to take a break/rest

tomarse un descanso

«To take» también se usa con preposiciones y adverbios para formar verbos preposicionales y frasales, que se tratan en otra unidad

---

tool-box	*caja de herramientas*
pocketknife	*navaja*
sandpaper	*papel de lija*
pliers	*alicates*
level	*nivel*
saw	*sierra*
drill	*taladro*
file	*lima*
hammer	*martillo*
ax	*hacha*
screwdriver	*destornillador*
screw	*tornillo*
nail	*clavo*
nut	*tuerca*
wrench	*llave inglesa*

He's taken the hammer to his father
Él le ha llevado el martillo a su padre

Don't forget to take the screwdriver
No olvides coger el destornillador.

Ejercicios

1.- Ordenar las palabras para formar frases.

a) the asked teacher Jim question a.

_____

b) has it Susan given me to.

_____

c) you buy it will her for ?

_____

d) has us she her shown dress new.

_____

2.- Completar el crucigrama con las traducciones de las siguientes palabras:

e) papel de lija
f) clavo
g) sierra
h) taladro
i) hacha
j) nivel

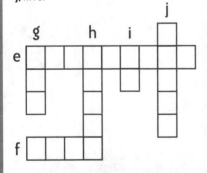

CUANTIFICADORES

En esta unidad se tratarán algunos de ellos, acompañados de sustantivos o pronombres.

all *todo/a/os/as*		**us** *nosotros*
most *la mayoría*		**you** *vosotros*
half *la mitad*	**(of)** *(de)*	**them** *ellos*
some *algo/alguno/a/os/as*		**the students** *los estudiantes*
none *ninguno/a*		

All of us are American
Todos nosotros somos estadounidenses

Most of them speak English
La mayoría de ellos habla inglés

None of the students passed the test
Ninguno de los estudiantes aprobó el examen

«EACH» Y «EVERY»

«**Each**» y «**every**» tienen significados parecidos, pero no siempre idénticos.

each
[cada (cada uno por separado)]

every
[cada, todos]

A veces «**each**» y «**every**» tienen el mismo significado:

Prices go up **each** year
Los precios suben cada año

Prices go up **every** year
*Los precios suben todos
los años (cada año)*

Pero, a menudo, no son
exactamente iguales.

«**Each**» expresa la idea de «uno por uno»,
es decir, enfatiza la individualidad.
Puede ir seguido de «of».

Each artist paints differently
Cada artista pinta de forma diferente

She spoke to **each of** the students
Habló con cada uno de los estudiantes

I gave a toy to **each of** them
Di un regalo a cada uno de ellos

«**Every**» considera las cosas o
a las personas como singular,
pero en un grupo o en general.

Every artist is sensitive
Todos los artistas son sensibles

Every person can speak English
Todas las personas pueden hablar inglés

«**Every**» no se puede usar para dos
cosas. En su lugar se usa «**each**».

He was carrying a suitcase in **each** hand
Llevaba una maleta en cada mano

«**Every**» se usa para expresar
la frecuencia con que algo ocurre.

There is a plane to Bangkok **every** day
Hay un avión a Bangkok todos los días

The bus leaves **every** hour
El autobús sale cada hora (todas las horas)

Hay que recordar que los verbos que
acompañan a «**each**» y «**every**»
siempre se conjugan en singular.

VOCABULARIO:
FORMAS DE COCINAR
Ways of cooking

to cook	*cocinar*
to bake	*hornear*
to boil	*cocer, hervir*
to braise	*estofar*
to fry	*freír*
to grill	*hacer a la parrilla*
to barbecue	*hacer a la barbacoa*
to roast	*asar*
to poach	*escalfar*
to steam	*cocer al vapor*
to stew	*guisar*
to toast	*tostar*
to microwave	*hacer al microondas*
boiled	*cocido, hervido*
fried	*frito*
grilled	*a la parrilla*
toasted	*tostado*

All of them had **fried** fish
Todos ellos tomaron pescado frito

She **boiled** some eggs every week
*Ella cocía algunos huevos
todas las semanas*

Ejercicios

1.- Traducir al inglés:

a) La mayoría de vosotros no sabe conducir.

_____

b) Ninguno de nosotros es italiano.

_____

c) Todas ellas han hecho sus deberes.

_____

2.- ¿»Each» o «every»?

d) Sarah plays tennis _____Thursday afternoon.

e) There's a train to Los Angeles _____ hour.

f) There are six apartments._____one has two windows.

g) I phoned her three times but _____ time there was no reply.

h) He didn't understand_____ word in the text.

3.- ¿Cómo se dice en inglés....?

i) huevos fritos _____

j) carne a la parrilla_____

219

unidad 82

contenido

1 EL CONDICIONAL
2 OTROS USOS DE «WOULD»
3 DESASTRES NATURALES – *Natural disasters*
4 EJERCICIOS

EL CONDICIONAL

Es el modo que indica que una acción o situación se puede dar, si se cumplen ciertos supuestos o condiciones. Se forma con el modal «**would**» y el **infinitivo del verbo sin «to**». Tiene una única forma para todas las personas.

I **would live** on the coast
Yo viviría en la costa

He **would have** a new computer
El tendría una computadora nueva

We **would phone** her
Nosotros la llamaríamos

«**Would**» se puede contraer en «**'d**».

I**'d choose** the red blouse
Yo eligiría la blusa roja

She**'d go** to work by bus
Ella iría al trabajo en autobús

En frases negativas se utiliza «**wouldn't (would not)**».

I **wouldn't like** to smoke
No me gustaría fumar

They **wouldn't get up** early
Ellos no se levantarían temprano

En preguntas se coloca «**would**» delante del sujeto.

Would you like to have a drink?
¿Te gustaría (quieres) tomar algo?

Where **would** the dog go?
¿Dónde iría el perro?

En respuestas cortas:

Would you do it for me?
Yes, I would.
¿Lo harías por mí?
Sí, lo haría

Would they speak in public?
No, they wouldn't.
¿Hablarían en público?
No, no lo harían.

OTROS USOS DE «WOULD»

Además de usarse para expresar el modo condicional, «**would + infinitivo**» se utiliza:

a) Para expresar ofrecimientos e invitaciones:

Would you **like** some more coffee?
¿Quieres más café?

b) Para expresar deseos y peticiones de una maneral formal.

I'd like some cake, please
Quiero algo de tarta, por favor

Would you **open** the window, please?
¿Puede abrir la ventana, por favor?

c) Para expresar el futuro para una acción pasada.

She said (that) she **would make** a decision
Ella dijo que tomaría una decisión

d) Para expresar una conducta típica en el pasado.

Her grandmother **would listen** to that song for hours
Su abuela escuchaba esa canción durante horas

VOCABULARIO:
DESASTRES NATURALES
Natural disasters

avalanche	*alud, avalancha*
lightning	*relámpago*
landslide	*desprendimiento de tierra*
drought	*sequía*
storm	*tormenta*
tsunami	*sunami*
earthquake	*terremoto*
hurricane	*huracán*
tornado	*tornado*
flood	*inundación*
thunder	*trueno*
heat wave	*ola de calor*
blizzard	*ventisca*

What would you do in case of **flood**?
¿Qué harías en caso de inundación?

The experts said that there would be a **tsunami** after the **earthquake**.
Los expertos dijeron que habría un sunami tras el terremoto

Ejercicios

1.- Corregir las frases que lo precisen.

a) She would does it for me.

b) Would you lend me your car?

c) I'd studied history and biology.

d) They would give me a lot of money.

e) Would you opened the door, please?

2.- Ordenar las palabras para formar frases.

f) would an terrible earthquake be.

g) cause landslide would a tragedy a.

h) provoke the a would explosion avalanche snow.

3.- ¿Qué desastre natural provoca...

i) la falta de agua?

j) el exceso de agua?

unidad 83

MODELOS DE VERBOS

Se denominan así a las estructuras donde encontramos dos verbos principales seguidos. En todos los casos el primer verbo será conjugado en el tiempo correspondiente, pero el segundo verbo será gerundio o infinitivo, dependiendo de cuál sea el primero. No existen muchas reglas para saber qué forma usar, por lo que se tendrán que practicar y memorizar.

He <u>likes</u> **swimming**
A él le gusta nadar

I <u>wanted</u> **to rest**
Yo quería descansar

VERBOS SEGUIDOS DE GERUNDIO

El gerundio (infinitivo + ing) se usa detrás de una serie de verbos, entre los que destacan:

like / gustar
love / encantar
hate / odiar
admit / admitir
miss / añorar
deny / negar
enjoy / disfrutar
finish / terminar
avoid / evitar

+ gerundio
(infinitivo + ing)

She **likes** <u>dancing</u>
A ella le gusta bailar

My mother **enjoyed** <u>swimming</u>
Mi madre disfrutaba nadando

They will **avoid** <u>going</u> to noisy places
Ellos evitarán ir a lugares ruidosos

I **miss** <u>living</u> in Mexico
Añoro vivir en México

Pero hay que tener en cuenta que al usar el modo condicional, por ejemplo con verbos que indican gustos o preferencias (like, dislike, hate, prefer, enjoy,…), el verbo que los acompaña ha de usarse en infinitivo con «to».

I **like** <u>watching</u> TV
Me gusta ver la televisión

pero

I **would like** <u>to watch</u> TV
Me gustaría ver la televisión

VERBOS SEGUIDOS DE INFINITIVO

Existen muchos verbos que van seguidos de «to + infinitivo», entre los que se encuentran:

choose *elegir*
decide *decidir*
promise *prometer*
need *necesitar*
help *ayudar*
hope *esperar*
learn *aprender*
try *intentar*
want *querer*

+ to + infinitivo

She **learned** <u>to drive</u> two years ago
Ella aprendió a conducir hace dos años

They **hope** <u>to win</u> the competition
Ellos esperan ganar la competición

You **promised** <u>to come</u>
Prometiste venir

His family **decided** <u>to move</u> to Canada
Su familia decidió mudarse a Canadá

Coloquialmente, en inglés americano
es muy frecuente el uso de «**wanna**»
en lugar de «**want to**».

I <u>want to</u> dance = I **wanna** dance
Quiero bailar

musician	*músico*
orchestra	*orquesta*
conductor	*director*
baton	*batuta*
singer, vocalist	*cantante*
piano	*piano*
violin	*violín*
cello	*violoncelo*
bass	*bajo*
trumpet	*trompeta*
flute	*flauta*
drum	*tambor*
guitar	*guitarra*
drums	*batería*
keyboard	*teclado*
synthesizer	*sintetizador*
classical music	*música clásica*
pop music	*música pop*

I learned to play the **piano**
when I was young.
Aprendí a tocar el
piano cuando era joven.

Susan enjoys listening
to **classical music**.
Susan disfruta escuchando
música clásica.

They wanted to play the **trumpet**,
but then they decided to play the **flute**.
Ellos querían tocar la trompeta pero
luego decidieron tocar la flauta.

Ejercicios

1.- ¿Gerundio o infinitivo?

a) Peter and Molly enjoy _____ (walk) in the rain.

b) I'd like _____ (finish) soon.

c) We've decided _____ (get married) in October.

d) When did you finish _____ (paint) the bedroom?

e) I hope _____ (earn) more money.

f) What sort of books do you like _____? (read)

g) James wants _____ (see) me.

h) Linda is trying _____ (play) the guitar.

i) They hate _____ (listen) to the drums.

j) Did you learn _____ (conduct) an orchestra?

unidad 84

VERBOS SEGUIDOS DE INFINITIVO Y GERUNDIO

a) Hay una serie de verbos que admiten que el verbo que los acompaña pueda tener forma de infinitivo o gerundio, sin cambio de significado.

start
empezar, comenzar

begin
empezar, comenzar   **+**

continue
continuar, seguir

to + infinitivo

gerundio

It **started** <u>to rain</u> / <u>raining</u> at five
Empezó a llover a las cinco

Por razones de estilo, cuando «start», «begin» y «continue» están conjugados de forma continua (acaban en «-ing»), el verbo que los acompaña aparece en infinitivo.

It **is starting**
<u>to rain</u>
Está empezando a llover

225

forget *olvidar*	**to + infinitivo**: *hacer algo* *(después)*
remember *acordarse de*	**gerundio**: *haber hecho algo* *(antes)*

I **forgot** *to close* the door
Olvidé cerrar la puerta

I **forgot** *closing* the door
Olvidé que había cerrado la puerta

She **remembered** *to mail* the letter
Ella se acordó de echar la carta

She **remembered** *mailing* the letter
Ella recordó haber echado la carta

---

stop + to + infinitivo

detenerse para hacer algo

---

stop + gerundio

dejar de hacer algo

I **stopped** <u>to buy</u> some candies
Paré para comprar unos caramelos

I **stopped** <u>buying</u> candies
Dejé de comprar caramelos

I <u>want to sing</u> / *Quiero cantar*

I <u>want</u> **you** <u>to sing</u>
Quiero que ***tú*** *cantes*

Otros verbos que siguen este modelo son:

allow / *permitir*
ask / *pedir*
encourage / *animar*
help / *ayudar*
need / *necesitar*
invite / *invitar*
promise / *prometer*
tell / *decir*
want / *querer*

me
him
them
someone

to + infinitivo

His parents don't **allow** him **to smoke**.
Sus padres no le permiten fumar.

They **told** Greg **to travel** to China.
Ellos le dijeron a Greg que viajara a China.

Do you **want** me **to study** medicine?
¿Quieres que estudie medicina?

VERBOS SEGUIDOS DE INFINITIVO SIN «TO»

Hay unos pocos verbos que van seguidos de nombres o pronombres y de otro infinitivo sin «to».

let *dejar, permitir*	**her**	
make *hacer*	**us**	+ ~~to~~ + **infinitivo**
help *ayuda*	**Betty**	

Do your parents **let** you
go out until midnight?
*¿Te dejan salir tus padres
hasta medianoche?*

The movie **made** me **cry**
La película me hizo llorar

I can **help** Peter **do** the exercise
Puedo ayudar a Peter a hacer el ejercicio

Como se puede apreciar, el verbo «help» admite un infinitivo con o sin «to», sin variar su significado. Este último ejemplo también se podría expresar:

I can **help** Peter **to do** the exercise.

Ejercicios

1.- Escoger la forma correcta.

a) She remembered (to tell / tell) me that I was making a mistake.

b) Her parents let him (to do / do / doing) what he wanted.

c) I finished (watch / to watch / watching) TV.

d) They want me (to be / be / being) their teacher.

e) Can I help you (doing / do) the cleaning?

f) My sister started (cough / coughing).

g) My parents encouraged me (study / to study / studying) at university.

h) Did you forget (walk / to walk) the dog?

i) I stopped (smoking / smoke).

j) I stopped (smoke / to smoke).

Soluciones:

1.- a) to tell; **b)** do;
c) watching; **d)** to be;
e) do; **f)** coughing; **g)** to study; **h)** to walk; **i)** smoking; **j)** to smoke.

227

unidad 85

1 USO DE «SO» Y «BECAUSE»
2 TRATAMIENTOS AL ESCRIBIR UNA CARTA O CORREO ELECTRÓNICO
3 DIRECCIONES DE CORREO ELECTRÓNICO
4 LA COMPUTADORA – *The computer*
5 EJERCICIOS

USO DE «SO» Y «BECAUSE»

«**So**» y «**because**» son dos conjunciones, por lo que van seguidas de un sujeto y un verbo.

«**So**» expresa el efecto o resultado de una acción y equivale a «*así (que), por lo tanto*».

I was tired, **so** I went to bed
Estaba cansado, así que me fui a la cama

She couldn't sleep, **so** she got up and took a pill.
No podía dormir, así que se levantó y se tomó una píldora.

«**Because**» expresa una razón y equivale a «*porque*».

I went to bed **because** I was tired.
Me fui a la cama porque estaba cansado.

She took a pill **because** she couldn't sleep.
Ella se tomó una píldora porque no podía dormir.

CARTA O CORREO ELECTRÓNICO

a) Si no conocemos el nombre del receptor:

Al encabezar una carta o correo electrónico se usan:

Dear Sir	
Estimado Señor	
Dear Madam	
Estimada Señora	
Dear Sir o Madam	
Estimados Señor o Señora	
Dear Sirs	
Estimado Señores	

Para despedirse:

Yours faithfully / *Atentamente*

b) Si conocemos el nombre del receptor:

En el encabezamiento:

Dear Mr. Hamilton	
Estimado Sr. Hamilton	
Dear Mrs. Smith	
Estimada Sra. Smith	
Dear Miss Jackson	
Estimada Señorita Jackson	
Dear Ms Roberts	
Estimada Sra. Roberts	

En la despedida:

Yours sincerely / *Atentamente*

c) Si enviamos el correo a un amigo:

En el encabezamiento:

Dear John

Estimado John

Al despedirnos:

Yours
Best wishes } *Atentamente*
Best regards

DIRECCIONES DE CORREO ELECTRÓNICO

Para leer una dirección de correo electrónico usamos los términos siguientes:

albert_gloves@telemail.com

Léase:
albert **underscore** gloves **at** telemail **dot** com

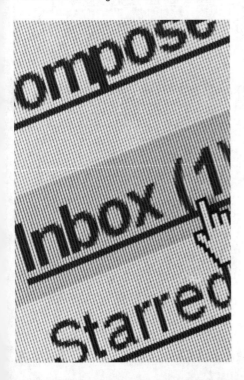

monitor	*monitor*
screen	*pantalla*
keyboard	*teclado*
mouse	*ratón*
mouse pad	*alfombrilla del ratón*
to surf	*navegar*
the internet	*Internet*
link	*enlace*
web site	*sitio web*
homepage	*página de inicio*
to update	*actualizar*
password	*contraseña*
delete	*eliminar*
download	*descargar, bajar*
file	*archivo*
folder	*carpeta*
inbox	*bandeja de entrada*
outbox	*bandeja de salida*
sign in	*entrar*
sign out	*salir*
draft	*borrador*
browser	*navegador*
to attach	*adjuntar*
virus	*virus*

My **computer** had a **virus**, so it didn't let me **surf the internet**
Mi computadora tenía un virus, así que no me dejaba navegar por Internet

I haven't sent this **email** yet because I need to **attach** a **file**
No he enviado este correo electrónico todavía porque necesito adjuntar un archivo.

Ejercicios

1.- ¿»So» o «because»?

a) I went to the party _____ I wanted to see Mary.

b) I'm studying English _____ I love languages.

c) He is shocked _____ he saw an accident.

d) She didn't invite me, _____ I didn't go to the party.

2.- ¿Qué despedida usamos con alguien de quien no conocemos ni el nombre?

_____

3.- ¿Qué palabra usamos en todo tipo de encabezamientos de cartas?

_____

4.- ¿Cómo se lee la siguiente dirección de correo electrónico?
jeffreydawson_1@vivamail.com

_____
_____

5.- Completa las vocales para formar palabras relativas a la computadora.

e) K _ Y B _ _ R D
f) M _ _ S _
g) H _ M _ P _ G _

Soluciones:
1.- a) because;
b) because; **c)** because;
d) so **2.-** Yours faithfully
3.- Dear **4.-** jeffreydawson undescore
one at vivamail dot com **5.- e)** KEY-
BOARD, **f)** MOUSE; **g)** HOMEPAGE.

230

VERBOS COMPUESTOS POR MÁS DE UNA PALABRA

Como ya se ha podido ver, en inglés hay muchos verbos formados por varias palabras. Son los verbos compuestos. Éstos pueden ser:

Tipo 1)
verbo + adverbio (sin objeto)

I **get up** at seven
Me levanto a las siete.

Tipo 2)
verbo + adverbio + objeto

She **looked up** a word in the dictionary
Ella buscó una palabra en el diccionario

Tipo 3)
verbo + preposición + objeto

They were **looking for** their keys
Ellos estaban buscando sus llaves

Tipo 4)
verbo + adverbio + preposición + objeto

We have **run out of** sugar
Nos hemos quedado sin azúcar

Los **verbos frasales** son los formados con adverbios, por lo que serían los de los tipos 1 y 2. Al tipo 3 pertenecen los **verbos preposicionales** y al tipo 4 los **verbos frasales preposicionales**.

Hay que tener en cuenta que, aunque se conozca el significado del verbo, el adverbio o la preposición lo pueden cambiar y, en muchos casos, no tiene ninguna relación con el mismo.

Come (*venir*) **+ across** (*a través*)

=

come across

(*toparse, encontrarse casualmente*)

VERBOS FRASALES (TIPO 1)

Están formados por un verbo y un adverbio. No precisan de ningún objeto.

Son verbos frasales de este tipo, por ejemplo:

come in	*entrar*
go out	*salir*
sit down	*sentarse*
shut up	*callarse*
break down	*averiarse*
stand up	*ponerse de pie*
run away	*escapar*
be back	*estar de vuelta*
be over	*terminar*
fall down	*caerse*
get up	*levantarse*

The children **came in** and **sat down**
Los niños entraron y se sentaron

The storm **is over**
La tormenta ha terminado

Her grandmother **fell down** yesterday
Su abuela se cayó ayer

Are you **going out** tonight?
¿Vas a salir esta noche?

MOSTRAR OPINIONES

En esta sección se trata cómo mostrar una opinión después de que alguien haya expresado una idea. Para ello se suelen utilizar «**so**» y «**not**» con los verbos:

I think so	*Creo que sí*
I don't think so	*Creo que no*
I suppose so	*Supongo que sí*
I guess so	
I suppose not	*Supongo que no*
I guess not	
I hope so	*Espero que sí*
I hope not	*Espero que no*
I'm afraid so	*Me temo que sí*
I'm afraid not	*Me temo que no*

Ejercicios

1.- Completar con los verbos «be back», «be over», «run away», «sit down», «break down» y «fall down».

a) The students _____ and listened to the teacher.

b) The pickpocket could _____ _____

c) The class _____

d) I'll_____tomorrow.

e) He _____ and broke his arm.

f) My car _____and I had to take the bus.

2.- Mostrar opiniones.

g) Did he buy any milk?

_____
(yes, hope)

h) Do you have enough money?

_____
(no, think)

i) Is that Alex?_____
(yes, suppose)

j) Are you coming to the disco?

_____
(no, afraid)

Did his truck break down?

I don't think so.

¿Se le averió el camión?

Creo que no.

Is any bank open now?

I suppose so.

Hay algún banco abierto ahora?

Supongo que sí.

Will you get good qualifications?

I hope so.

¿Sacarás buenas calificaciones?

Espero que sí.

Will he get up at 7 tomorrow?

No, **I'm afraid not.**

¿Se levantará a las 7 mañana?

No, me temo que no.

VERBOS FRASALES (TIPO 2)

Están formados por un verbo y un adverbio, pero, además, necesitan de un objeto o complemento.

Entre los verbos que siguen este modelo se encuentran:

turn on/off	*encender/apagar*
turn up/down	*subir/bajar (volumen)*
put on	*ponerse (ropa)*
take off	*quitarse (ropa)*
put up	*dar alojamiento*
throw away	*tirar*
look up	*buscar (en un libro)*
fill out	*rellenar*
find out	*descubrir*
bring up	*educar*

Can you **turn on** the radio?
¿Puedes encender la radio?

I've **put on** a white shirt
Me he puesto una camisa blanca

They didn't **fill out** that form
Ellos no rellenaron ese formulario

En estos casos el objeto se encuentra detrás del adverbio, perotambién se puede colocarentre el verbo y el adverbio.

Can you **turn** <u>the radio</u> **on**?

I've **put** <u>a white shirt</u> **on**.

Si el objeto es un pronombre, su única posición posible es entre l verbo y el adverbio.

Can you **turn** <u>it</u> **on**?   I've **put** <u>it</u> **on**.

NO ▶

Can you turn on <u>it</u>?   I've put on <u>it</u>.

Muchas veces podemos «suponer» qué adverbio usar junto al verbo, pero, en muchos otros casos, su traducción no es literal.

LA PALABRA «RIGHT»

La palabra **«right»**, además de significar «*derecho/a*», se puede utilizar en diferentes situaciones.

a) «All right» («alright») equivale a «*está bien*», «*de acuerdo*».

- I'll pick you up at 5
- *Te recogeré a las 5*

- **All right**
- *De acuerdo*

b) **«That's right»** equivale a
«así es», «eso es».

- So you live in Florida
- Así que vives en Florida

- Yes, **that's right!**
- Sí, así es

c) **«Right here»** (*«aquí mismo»*)
y **«right there»** (*«allí mismo»*)

Leave this parcel **right here**
Deja este paquete aquí mismo

d) **«Right now»** significa
«ahora mismo».

I'm studying English **right now**
Ahora mismo estoy estudiando inglés

e) **«To be right»** significa
«tener razón».

- Barbara looks like Annie
- Bárbara se parece a Annie

- Yes, **you're right**
- Sí, tienes razón.

ancestor	*antepasado, ancestro*
to survive	*sobrevivir*
culture	*cultura*
agriculture	*agricultura*
society	*sociedad*
population	*población*
archeology	*arqueología*
extinction	*extinción*
livestock	*ganado*
hunter	*cazador*
gatherer	*recolector*
nomad	*nómada*
migration	*migración*
settlement	*asentamiento*

I've found out that these
people were **gatherers**.
*He descubierto que esta
gente era recolectora.*

Can you look up the word
«livestock» in a dictionary?
*¿Puedes buscar la palabra
«livestock» en un diccionario?*

Did that **society survive**
thanks to hunting? Yes, I think so.
*¿Sobrevivió esa sociedad
gracias a la caza? Sí, creo que sí.*

Ejercicios

1.- Completar los espacios con los verbos «turn on», «take off», «put up», «bring up».

a) They didn't _____ their children.

b) She _____ her coat when she got home.

c) Can you _____ the light, please?

d) I ____ Michael _____ for a week last year.

2.- Completar las frases con «them», «up», «his brother», «out».

e) What are you looking _____ in that book?

f) I throw _____ away.

g) His grandparents brought up _____

h) Did you find _____ anything interesting?

3.- Ordenar las palabras para formar frases.

i) now making she's omelette an right.

_____

j) is a about there here book right archeology.

_____

VERBOS PREPOSICIONALES

Están formados por un verbo y una preposición. Siempre precisan de un objeto, y éste <u>siempre</u> (sea nombre o pronombre) estará colocado después de la preposición.

Verbos preposicionales son:

look after	*cuidar*
look for	*buscar*
come across	*toparse con*
break into	*irrumpir*
talk about	*hablar sobre*
wait for	*esperar*
get over	*recuperarse*
look into	*investigar*

235

My mother **is looking after** <u>my children</u>
Mi madre está cuidando a mis hijos

My mother **is looking after** <u>them</u>
Mi madre los está cuidando

I **came across** <u>them</u> in Madrid
Me encontré con ellos en Madrid

Are you **waiting for** <u>your friends</u>?
¿Estás esperando a tus amigos?

She was **talking about** <u>that</u>
Ella estaba hablando de eso

Peter **is looking for** <u>his glasses</u>
Peter está buscando sus gafas

En preguntas, podemos acabar
las mismas con la preposición.

Who are you **looking after**?
¿A quién estás cuidando?

What was she **talking about**?
¿De qué estaba hablando ella?

Son verbos formados por tres palabras:
un verbo base, un adverbio y una preposición.
También precisan de un objeto que <u>siempre</u>
seguirá a la preposición.

Ejemplos de este modelo de verbos son:

look down on	*despreciar*
run out of	*quedarse sin*
get on with	*llevarse con alguien*
cut down on	*reducir (el consumo)*

We **have run out of** <u>milk</u>
Nos hemos quedado sin leche

We **have run out of** <u>it</u>
Nos hemos quedado sin ella

How do you **get on with** <u>your neighbors</u>?
¿Cómo te llevas con tus vecinos?

You must **cut down on** <u>cigarettes</u>
Debes reducir el consumo de cigarrillos

She **looks down
on** <u>everybody</u>
*Ella desprecia a
todo el mundo*

Al no existir reglas para saber qué ver qué
adverbios o preposiciones usar, en cualquier
tipo de verbos compuestos tendremos que
recurrir a la práctica y a la memorización de
los mismos para usarlos correctamente.

VOCABULARIO:
NEGOCIOS - *Business*

factory	*fábrica*
company	*compañía*
meeting	*reunión*
agreement	*acuerdo*
to do business	*hacer negocio*
to make a deal	*cerrar un trato*
branch	*sucursal*
client, customer	*cliente*
buyer	*comprador*
seller	*vendedor*
product	*producto*
firm	*empresa, firma*
signature	*firma*
to sign	*firmar*
contract	*contrato*
promotion	*ascenso*
employer	*patrón*
employee	*empleado*
manager	*gerente*
executive	*ejecutivo*

We were talking about our **customers**
and our **branches** abroad.
*Estábamos hablando de nuestros clientes
y nuestras sucursales en el extranjero.*

The **company** is looking for other
firms to **do business**.
*La compañía está buscando otras
empresas para hacer negocio.*

Ejercicios

1.- Corregir las frases que lo precisen.

a) Somebody broke into my house.

_____

b) How does he get with his classmates?

_____

c) He looked down on we.

_____

d) What are they looking for?

_____

e) She never cut down alcohol.

_____

f) They have run of bread.

_____

2.- Ordenar las palabras para formar frases.

g) manager down the on employees looks the

_____

h) do get with customer how you on that?

_____

3.- ¿Cómo se dice en inglés....?

i) acuerdo _____

j) firma _____

Soluciones:

1.- a) - ; **b)** How does
he get on with his
classmates?; **c)** He looked
down on us; **d)** - ; **e)** She never cut down
on alcohol; **f)** They have run out of bread.
2.- g) The manager looks down on the
employees; **h)** How do you get on with that
customer? **3.- i)** agreement; **j)** signature.

237

unidad 89

1 «SO» Y «SUCH»
2 LOS PRONOMBRES REFLEXIVOS
3 EJERCICIOS

«SO» Y «SUCH»

Ambas palabras suelen confundir al estudiante de inglés.

«**So**» equivale a «*tan*» (entre otros significados) y puede acompañar a:

a) Un adjetivo

so + adjetivo

Don't be **so naughty**!
¡No seas tan travieso!

The house is **so expensive** that I can't buy it.
La casa es tan cara que no puedo comprarla.

b) Un adverbio

so + adverbio

She speaks **so slowly** that you can understand her very well.
Ella habla tan despacio que puedes entenderla muy bien.

It is **so late** that we will have to take a cab.
Es tan tarde que tendremos que coger un taxi.

«**Such**» también equivale a «*tan*» y acompaña a (un adjetivo y) un sustantivo.

such (a/an) + adjetivo + sustantivo

a) Si el sustantivo es contable en singular, se coloca «**a(n)**» delante del adjetivo.

It's **such a nice movie**!
¡Es una película tan bonita!

It was **such an interesting book** that I read it quickly
Era un libro tan interesante que lo leí rápidamente

b) Si el sustantivo es incontable o contable en plural, no se coloca «a(n)», y, a veces, tampoco el adjetivo. En este último caso, «such» significa «*tal/tales, dicho/a/os/as*».

They were **such expensive pictures** that I couldn't buy them
Eran unos cuadros tan caros que no pude comprarlos

Most students discuss **such topics** in class
La mayoría de los estudiantes discuten tales (dichos) temas en clase

238

Tanto «**so**» como «**such**» refuerzan el significado del adjetivo.

The conference was **so boring** that I left.
La conferencia era tan aburrida que me fui.

It was **such a boring conference** that I left.
Era una conferencia tan aburrida que me fui.

LOS PRONOMBRES REFLEXIVOS

Los pronombres reflexivos se usan para expresar que el sujeto realiza la acción y él mismo la recibe.

Son los siguientes:

myself
me, yo mismo, a mí mismo
yourself
te, tú mismo, a ti mismo
himself
se, (a) él mismo, sí mismo
herself
se, (a) ella misma, sí misma
itself
se, (a) él/ella mismo/a, sí mismo/a
ourselves
nos, (a) nosotros/as mismos/as
yourselves
os, (a) vosotros/as mismos/as
themselves
se, (a) ellos/as mismos/as

I cut **myself** with a knife
Me corté con un cuchillo

She is looking at **herself** in the mirror
Ella se está mirando en el espejo.

Do they want to hurt **themselves**?
¿Quieren hacerse daño?

Hay que notar la diferencia entre las formas singulares, acabadas en «**-self**» y las plurales, acabadas en «**-selves**».

You washed **yourself**.
Te lavaste
You washed **yourselves**
Os lavasteis

Los pronombres reflexivos también se usan para enfatizar una acción.

I did it **myself**
Lo hice yo mismo

Did he solve the problem **himself**?
¿Resolvió el problema él mismo?

Ejercicios

1.- Completar con el pronombre reflexivo correspondiente.

a) The plate is too hot. Don't burn

_____ !

b) He is always talking to _____

c) Are they enjoying _____ ?

d) She fell off her bike but she didn't hurt

_____

e) I have to shave _____

2.- ¿»So» o «such»?

f) Bob speaks English _____ fluently that I thought he was American.

g) I had never seen _____ high mountains.

h) They are _____ funny!. They always make me laugh.

i) I have never heard _____ music.

j) The book is _____ good that I have read it four times.

LAS ORACIONES CONDICIONALES

Están formadas por dos frases: una de ellas expresa una condición y la otra un resultado. Existen diversos tipos de oraciones condicionales, dependiendo del grado de seguridad en que se puedan cumplir las acciones. La frase que expresa la condición, esté colocada en primer o segundo lugar, va precedida de «**if**» (_si_).

If I study hard I will pass the exam
condition   _result_

=

I will pass the exam **if** I study hard
result   _condition_

Si estudio mucho aprobaré el examen.

PRIMER TIPO DE ORACIONES CONDICIONALES

En este tipo de oraciones, la condición es factible y el resultado es muy probable.

Su estructura es:

If + sujeto + **presente** + (complementos), sujeto + **futuro** + (complementos)

If you **are** late you **will miss** the bus
Si llegas tarde perderás el autobús

She **will go** to the party **if** you **invite** her
Ella irá a la fiesta si la invitas

240

She **won't ring** you up **if** you **don't give** her your number.
Ella no te llamará si no le das tu número.

If I **get up** early, I **won't wake** you up.
Si me levanto temprano no te despertaré.

If you **don't pass** your exams, what **will** you **do**?
Si no apruebas tus examenes, ¿qué harás?

Where **will** you **go** if they **can't** put you up?
¿Dónde irás si ellos no pueden alojarte?

La estructura básica de este tipo de oraciones puede cambiar algunos elementos. Así, «if» puede sustituirse por «**when**» para expresar que la condición se va a cumplir en algún momento. Nótese la diferencia:

If you come home you will taste my salad.
Si vienes a casa probarás mi ensalada. (Si no vienes, no lo harás).

When you come home you will taste my salad.
Cuando vengas a casa probarás mi ensalada. (Se espera el momento de que ocurra).

Además, «will» puede sustituirse por otra forma de futuro, por un verbo modal o incluso por un imperativo.

When I see him I **am going to** embrace him.
Cuando lo vea voy a abrazarlo.

If you pay attention you **can** learn easily.
Si prestas atención puedes aprender fácilmente.

When you go to Paris you **must** see the Eiffel tower.
Cuando vayas a París tienes que ver la torre Eiffel.

If you want to eat well, **come** to my restaurant.
Si quieres comer bien, ven a mi restaurante.

Ejercicios

1.- Conjugar el verbo en el tiempo correspondiente.

a) I_____ (not come) if John _____ (be) here.

b) If he _____ (save) enough money, he'll _____ (buy) a new car.

c) If you _____ (eat) it now, you _____ (have) anything for lunch.

d) She _____ (lend) you her umbrella when you _____ (need) it.

e) If you _____ (want) to see the photos, _____ (come) to my house.

f) They _____ (stay) at home if it _____ (rain) today.

g) If we _____ (have) time, we _____ (visit) our parents later.

2.- Ordenar las palabras para formar frases.

h) she call you call if doesn't you her can.

_____

i) fell must in stay you if sick you bed.

_____

j) I if bus come soon late school for the doesn't will be.

_____

CLÁUSULAS DE TIEMPO

Hay una serie de conjunciones de tiempo que se pueden usar con frases condicionales. En la unidad 90 se trató el uso de «**when**» (*cuando*), pero también pueden aparecer «**as soon as**» (*tan pronto como*), **before** (*antes*), **after** (*después de*), «**until**» (*hasta*) o «**while**» (*mientras*).

I'll pay you back **as soon as** I get some money
Te devolveré el dinero tan pronto como consiga algo (de dinero)

I want to see her **before** she leaves
Quiero hablar con ella antes de que se vaya

I'll phone you **after** I get home
Te llamaré después de que llegue a casa

I won't speak to her **until** she says sorry
No hablaré con ella hasta que diga que lo siente

They will read a lot of books **while** they are on vacation
Ellos leerán muchos libros mientras están de vacaciones

SEGUNDO TIPO DE ORACIONES CONDICIONALES

Se usan para expresar una situación irreal y su posible resultado. La condición es improbable, por lo que se da en situaciones imaginarias.

Su estructura es:

> **If** + sujeto + **pasado** + (complementos), sujeto + **would + infinitivo** + (complementos)

If I **won** some money, I **would travel** around the world
Si yo ganara algo de dinero viajaría por el mundo

I **wouldn't do** it if I **didn't like** it
Yo no lo haría si no me gustara

What **would** you **do** if you **saw** someone shoplifting?
¿Qué harías si vieras a alguien robando en una tienda?

Como se ve en los ejemplos, ambas frases pueden ser afirmativas, negativas, una de ellas afirmativa y la otra negativa, o preguntas.

Si se usa el verbo «**to be**» en la condición, se suele usar la forma «**were**» para todas las personas.

If I **were** you, I wouldn't do it
Si yo fuera tú, no lo haría

«**Would**» también puede ser sustituido por «**could**» o «**might**».

We **couldn't** buy it if we didn't have any money
No podríamos comprarlo si no tuviéramos dinero

If I saved some money I **might** be able to buy a computer
Si ahorrara dinero podría comprarme una computadora

VOCABULARIO: TÉRMINOS RELATIVOS A LAS RELIGIONES

church	*iglesia*
cathedral	*catedral*
temple	*templo*
synagogue	*sinagoga*
mosque	*mezquita*
faith	*fe*
believer	*creyente*
Christian	*cristiano*
Catholic	*católico*
Protestant	*protestante*
Mormon	*mormón*
Hindu	*hindú*
Jew, Jewish	*judío*
Muslim	*musulmán*
Buddhist	*budista*

Los seguidores de una religión se escriben con mayúscula en inglés.

I have a **Muslim** friend who is married to a **Catholic**.
Tengo un amigo musulmán que está casado con una católica.

If I were Indian I might be **Hindu**.
Si fuera indio puede que fuera hindú.

Ejercicios

1.- Usar el 2º tipo de oraciones condicionales.

a) If I _____ (have) more spare time I _____ (play) golf.

b) She _____ (open) a restaurand if she _____ (cook) well.

c) You _____ (see) a lot of mosques if you _____ (go) to Egypt.

d) If he _____ (be) taller he _____ (can) be a basketball player.

e) They _____ (drink) wine if they _____ (be) Muslims.

2.- Corregir las frases que lo precisen.

f) If I could travel abroad I will go to Brazil.
_____

g) You wouldn't have mice if you had a cat.
_____

h) If you could choose, how will you travel?
_____

i) If she came soon we could go to the movies.
_____

j) Would they live in a caravan if they could?
_____

EL PRETÉRITO PLUSCUAMPERFECTO (THE PAST PERFECT)

Este tiempo se forma con el pasado del verbo **«have» (had)** y el **participio del verbo principal.** Tiene una forma invariable para todas las personas.

I **had done** my homework
Yo había hecho mis deberes

He **had bought** a tie
Él había comprado una corbata

They **had lived** in Australia
Ellos habían vivido en Australia

«**Had**» se puede contraer co el sujeto con la forma «**'d**».

You**'d written** a novel
Tú habías escrito una novela

She**'d stolen** a purse
Ella había robado un bolso

Recuerda

No confundir la contracción de «**had**» con la de «**would**». Ambas son iguales («**'d**»), pero a «**had**» le sigue un participio y a «**would**», un infinitivo.

I**'d** seen that picture. (had)
Yo había visto ese cuadro

I**'d** see that picture. (would)
Yo vería ese cuadro.

En oraciones negativas se usa «**hadn't (had not)**» y en preguntas, se invierte el orden entre «**had**» y el sujeto.

We **hadn't forgotten** to buy some food
No habíamos olvidado comprar comida

Where **had** you **been**?
¿Dónde habías estado?

En respuestas cortas:

Had you been to China before?
Yes, I had.
¿Habías estado en China antes? Sí.

Had they found oil?
No, they hadn't.
¿Habían encontrado petróleo?

El pretérito pluscuamperfecto se usa para expresar una acción que ocurrió previamente a otra acción pasada. Se podría decir que es el pasado del pasado.

When I got home, my father **had done** the cleaning.

action 2   action 1

Cuando llegué a casa, mi padre había hecho la limpieza

Si se usa un pasado simple en lugar del pluscuamperfecto, el sentido varía.

When I got home, my father **did** the cleaning
Cuando llegué a casa, mi padre hizo la limpieza (Después de llegar yo)

245

Hay una serie de adjetivos que suelen ir acompañados de preposiciones. Algunos de ellos son:

angry with	*enfadado con*
afraid of	*temeroso de*
curious about	*curioso por*
different from	*diferente a*
disappointed with	*defraudado con*
excited about	*emocionado por*
fed up with	*harto de*
happy about	*feliz por/de*
interested in	*interesado por/en*
jealous of	*celoso de*
nervous of/about	*nervioso por*
proud of	*orgulloso de*
ready for	*preparado para*
related to	*relacionado con*
sorry for/about	*apenado por*
sure of	*seguro de*
tired of	*cansado de*
worried about	*preocupado por*

I'm **fed up with** you
Estoy harto de ti

They are **different from** us
Ellos son diferentes a nosotros

She was **sorry for** being late
Ella lamentó llegar tarde

Are you **worried about** my studies?
¿Estás preocupado por mis estudios?

Ejercicios

1.- Completar los espacios con el pretérito pluscuamperfecto de los verbos:

a) I was tired because I _____ (sleep) badly.

b) She threw the letter away after she _____ (read) it.

c) They didn't go to bed until they _____ (brush) their teeth.

d) When Hommer got to the theater, the play _____ (start).

2.- Corregir las frases que lo precisen.

e) I thanked her for everything she did.
_____

f) He bought the car after he had passed his driving test.

g) Helen didn't eat anything before she finished her work.
_____

3.- Ordenar las palabras para formar frases.

h) proud is of she children her.

i) in are interested you that picture buying?

j) is mother of my afraid spiders.

_____

Soluciones:

1.- a) had slept; **b)** had read; **c)** had brushed; **d)** had started. **2.- e)** I thanked her for everything she had done; **f)** -; **g)** Helen hadn't eaten anything before she finished her work. **3.- h)** She is proud of her children; **i)** Are you interested in buying that picture?; **j)** My mother is afraid of spiders.

TERCER TIPO DE ORACIONES CONDICIONALES

Este tipo de oraciones se refieren al pasado, en el que la condición no ocurrió. Se trata de situaciones irreales o imposibles.

Su estructura es:

If + Sujeto + **pretérito pluscuamperfecto** + (complementos), sujeto + **would + have + participio** + complementos

La condición se expresa en **pretérito pluscuamperfecto (had + participio)** y el resultado, con «**would have + participio**».

Tanto la condición como el resultado pueden ser frases afirmativas, negativas o puede tratarse de una pregunta.

If I **had studied** harder,
I **would have passed** the exam
Si hubiera estudiado más,
habría aprobado el examen

If you **had driven** more carefully,
you **wouldn't have had** the accident
Si hubieras conducido con más cuidado,
no habrías tenido el accidente

If you **had stayed** at home,
what **would** you **have done**?
Si te hubieras quedado en
casa, qué habrías hecho?

«Would» puede sustituirse por «could» o «might»

If it had snowed we **could**
have gone skiing.
Si hubiera nevado podríamos
habernos ido a esquiar.

«DURING», «FOR» Y «WHILE»

«**During**» y «**for**» son preposiciones que equivalen a «*durante*», pero:

«**During**» se usa con una actividad o al referirnos a una actividad que tiene lugar dentro de un período de tiempo.

We were speaking about
politics **during** the meal.
Estuvimos hablando de
política durante la comida.

I'll read some books **during** the summer.
Leeré algunos libros durante el verano.

247

«**For**» se refiere a la duración de una actividad. Va seguido de un período de tiempo.

She was studing **for** <u>six hours</u>.
Ella estuvo estudiando durante seis horas.

I have been working **for** <u>some months</u>.
He esta trabajando durante algunos meses.

«**While**» es una conjunción y equivale a «*mientras*». Se coloca delante de una frase, es decir, de un sujeto y un verbo.

I was watching TV **while** <u>you were sleeping</u>.
Yo estaba viendo la televisión mientras tú estabas durmiendo.

248

VOCABULARIO:
EL CAMPO – *The country*

tree	*árbol*
bush	*arbusto*
branch	*rama*
trunk	*tronco*
leaf	*hoja*
root	*raíz*
stable	*establo*

to raise pigs, cows...
criar cerdos, vacas...

crop	*cultivo*
harvest	*cosecha*
tractor	*tractor*
field	*campo*
land	*tierra*
mud	*lodo, barro*
stone	*piedra*
rock	*roca*
stream	*arroyo*
scarecrow	*espantapájaros*
well	*pozo*

farmer
agricultor/a, granjero/a

to grow   *cultivar*

I was **raising pigs** for five years.
Estuve criando cerdos durante cinco años.

If they had repaired the **stable**, we could have had more animals.
Si ellos hubieran reparado el establo, podríamos haber tenido más animales.

Ejercicios

1.- Completar los espacios con los verbos conjugados usando el 3er tipo de oraciones condicionales.

a) If they_____(arrive) later, we _____ (can't) to go to the movies.

b) What _____ you _____(do) if you _____(win) the lottery?

c) If I _____(live) in the country, I _____(be) a farmer.

d) We_____(get) a good harvest if it _____ (not rain) so much.

2.- ¿»For», «during» o «while»?

e) I never go out_____the week.

f) She was eating popcorn_____the movie.

g) He was talking about his work _____ an hour.

h) They were listening to the news _____ I was reading the newspaper.

3.- Ordenar las palabras para formar frases.

i) hadn't wouldn't a he if been farmer he raised rabbits have.

_____

j) they grown if hadn't a would have rice they had tractor?

_____

Soluciones:

1.- **a)** had arrived.....wouldn't have been able; **b)** would.....have done.....had won; **c)** had lived.....would have been; **d)** would have gotten.....hadn't rained. 2.- **e)** during; **b)** during; **c)** for; **d)** while. 3.- **i)** If he hadn't been a farmer, he wouldn't have raised rabbits; **j)** Would they have grown rice if they hadn't had a tractor?

EL INFINITIVO DE INTENCIÓN

Los infinitivos con «to» se usan para expresar intenciones o propósitos, contestando a las hipotéticas preguntas «¿por qué?» y «¿para qué?».

I'm learning English **to** get a good job.
Estoy aprendiendo inglés para conseguir un buen trabajo.

They are going downtown
to visit some friends.
Ellos van al centro a visitar a unos amigos.

Recuerda

En español, la idea de propósito la expresan «a» o «para», pero en inglés no se utiliza «for».

I went to the butcher's ̶f̶o̶r̶
to buy some meat.
*Fui a la carnicería
para comprar carne.*

ADJETIVOS SEGUIDOS DE INFINITIVOS

Hay una gran cantidad de adjetivos tras los cuales se usan infinitivos:

I'm **pleased** to meet you

Estoy encantado de conocerte

They are **sorry** to hear that

Ellos lamentan oír eso

Are you **happy** to see me?

¿Estás contenta de verme?

It's **important** to speak other languages

Es importante hablar otros idiomas

OTROS USOS DE LOS INFINITIVOS

a) Los infinitivos se usan detrás de pronombres interrogativos.

Can you tell me **how to get** to the town hall?

¿Puede decirme cómo llegar al ayuntamiento?

I didn't know **what to do**

No supe qué hacer

She wanted to know **where to stay**

Ella quería saber dónde quedarse

b) Y tras los compuestos «somebody», «anything», «nothing», etc.

There was **nothing to eat**

No había nada para comer

I need **somebody to help** me

Necesito a alguien que me ayude.

VOCABULARIO:
EN EL RESTAURANTE
At the restaurant

chef / *chef*

cook / *cocinero*

waiter/waitress
camarero/a

to serve / *servir*

meal, food / *comida*

drink / *bebida*

menu / *menú*

hors d'oeuvres / *entremeses*

starter / *entrante*

first course / *primer plato*

main course / *plato principal*

desserts / *postres*

three-course meal
menú de tres platos

specialty / *especialidad*

wine list / *carta de vinos*

complaint book
libro de reclamaciones

check / *cuenta, factura*

tip / *propina*

to book a table
reservar una mesa

a table for two
una mesa para dos

to order / *pedir*

to recommend / *recomendar*

Enjoy your meal! / *¡Buen provecho!*

Al pedir carne nos preguntarán
si la queremos:

rare *poco hecha/cruda*
medium *hecha/ al punto*
well done *muy hecha/ bien hecha*

I have booked a table for three.
He reservado una mesa para tres personas.

What would you like **to drink**?
¿Qué desea beber?

What do you **recommend**?
¿Qué recomienda?

I would like a steak, **well-done,** please.
Quiero un filete bien hecho, por favor.

1.- Completar los espacios con los verbos:
find, help, book, make, buy, see, say.

a) It's easy_____ mistakes.

b) It was lovely _____ her yesterday.

c) It's hard _____ a good job.

d) She borrowed some money _____ some food.

e) I phoned the restaurant _____ a table.

f) They didn't know how _____ me.

g) I have nothing _____ about it.

2.- ¿Cómo se dice que has reservado
una mesa para tres personas?

_____

3.- ¿Cómo se pregunta qué recomienda el
camarero?

_____

4.- ¿Cómo se desea buen provecho?

_____

unidad 95

Contenido

1 LA VOZ PASIVA (I)
2 ESTADO CIVIL – *Marital status*
3 EJERCICIOS

LA VOZ PASIVA (I)

La voz pasiva se utiliza cuando estamos interesados en destacar aquello que recibe la acción del verbo, en lugar de quien lleva a cabo dicha acción. Para ello, el objeto de la oración activa se convierte en sujeto de la oración pasiva.

Activa:	*Ella escribió ese libro* She <u>wrote</u> **that book**
Pasiva:	**That book** <u>was written</u> by her *Ese libro fue escrito por ella*

El sujeto de la voz activa pasa a ser complemento agente en pasiva (introducido por «**by**»), pero sólo se usa si es necesario.

El verbo en la oración pasiva está compuesto <u>siempre</u> por el **verbo «to be»** (en el tiempo en que se quiera expresar la acción) **y el participio del verbo principal**. Así:

- En presente simple:
am/are/is + participio

These cars **are made** in Japan
Estos autos son fabricados en Japón

- En presente continuo:
am/are/is being + participio

These cars **are being made** in Japan.
Estos autos están siendo fabricados en Japón.

- En pasado simple:
was/were + participio

These cars **were made** in Japan
Estos autos eran/fueron fabricados en Japón.

- En pasado continuo:
was/were being + participio

These cars **were being made** in Japan
Estos autos estaban siendo fabricados en Japón.

- En pretérito perfecto:
have/has been + participio

These cars **have been made** in Japan
Estos autos han sido fabricados en Japón

- En pretérito pluscuamperfecto:
had been + participio

These cars **had been made** in Japan
Estos autos habían sido fabricados en Japón

- En futuro: **will be + participio**

These cars **will be made** in Japan
*Estos autos serán
fabricados en Japón.*

- En condicional:
would be + participio

These cars **would be made** in Japan
*Estos autos serían
fabricados en Japón*

- Con verbos modales:
modal + be + participio

These cars **can be made** in Japan
*Estos autos pueden
fabricarse en Japón*

These cars **should be made** in Japan
*Estos autos deberían
fabricarse en Japón*

Ejercicios

1.- Transformar a voz pasiva.

a) We have baked the bread.

b) They will repair that car.

c) She had done all the exercises.

d) Goya painted «La maja desnuda».

e) They are building a new stadium.

f) Somebody stole my watch .

g) They grow rice in China.

h) He will boil some eggs.

2.- Ordenar las palabras para formar frases.

i) single I've I'm been because married never.

j) your separated are parents ?

LA VOZ PASIVA (II)

Las oraciones pasivas pueden ser afirmativas, negativas e interrogativas, y hay que considerar que son más frecuentes en inglés que en español. Por ejemplo, en inglés se suelen expresar con voz pasiva las oraciones que en español usan el «*se*» impersonal.

This house **was sold** last year
Esta casa se vendió el año pasado

Coffee **is grown** in Colombia
En Colombia se cultiva café

Más ejemplos de oraciones pasivas serían:

English **is spoken** everywhere
El inglés se habla en todas partes

Is this room **being painted**?
¿Se está pintando esta habitación?

When **was** that bridge **built**?
¿Cuándo se construyó ese puente?

Soluciones:

1.- a) The bread has been baked (by us); **b)** That car will be repaired (by them); **c)** All the exercises had been done (by her); **d)** «La maja desnuda» was painted by Goya; **e)** A new stadium is being built (by them); **f)** My watch was stolen; **g)** Rice is grown in China; **h)** Some eggs will be boiled (by him). **2.- i)** I'm single because I've never been married; **j)** Are your parents separated?

254

They **haven't been invited** to the party
Ellos no han sido invitados a la fiesta

My car **hadn't been repaired**
and we couldn't set off
*Mi auto no había sido
arreglado y no pudimos partir*

Los verbos ditransitivos tienen dos objetos
(normalmente una persona y una cosa).
En voz pasiva, la persona suele pasar a ser el
sujeto. Esto no se puede hacer en español.

Activa:
They gave **me** a gift for my birthday
*Ellos me dieron un regalo
por mi cumpleaños*

Pasiva:
I was given a gift for my birthday
Me dieron un regalo por mi cumpleaños

Activa:
I will send **her** that email
Le enviaré ese correo electrónico

Pasiva:
She will be sent that email
A ella se le enviará ese correo electrónico

Como se aprecia en los ejemplos, en
muchos casos no se ha de usar el
complemento agente que introduce «**by**»,
bien por ser irrelevante o desconocido.

My car was stolen / *Me robaron el auto*

Pero si se quiere remarcar
quién lleva a cabo la acción:

This movie has been
directed **by Almodóvar**.
*Esta película ha sido
dirigida por Almodóvar.*

pollution	*contaminación*
polluted	*contaminado*
to pollute	*contaminar*
chemicals	*sustancias químicas*
climate change	*cambio climático*
greenhouse effect	*efecto invernadero*
deforestation	*deforestación*
ecological	*ecológico*
ecologist	*ecologista*
warming	*calentamiento*
radiation	*radiación*
ozone layer	*capa de ozono*
radioactivity	*radioactividad*
to recycle	*reciclar*
solar energy	*energía solar*
toxic waste	*residuos tóxicos*

Many **chemicals** were found in the river
*En el río se encontraron
muchas sustancias químicas*

The **global warming** is caused by the
greenhouse effect and other reasons
*El calentamiento global está provocado
por el efecto invernadero y otras causas*

Ejercicios

1.- Transformar en voz pasiva.

a) Somebody has attacked him.

b) They have left toxic waste in the factory.

c) When did she make a paella?

d) He isn't writing a text message

e) I help my brother when he needs it.

f) When did he compose that symphony? .

g) My mother hadn't watered the plants.

h) They won't steal that car.

2.- Ordenar las palabras para formar frases.

i) was by teacher the structure explained the.

j) by pollution is many caused agents.

Soluciones:

1.- a) He has been attacked; **b)** Toxic waste has been left in the factory; **c)** When was a paella made (by her)?; **d)** A text message isn't being written (by him); **e)** My brother is helped when he needs it; **f)** When was that symphony composed?; **g)** The plants hadn't been watered by my mother; **h)** That car won't be stolen. **2.- i)** The structure was explained by the teacher; **j)** Pollution is caused by many agents.

---

unidad 97
contenido

CLÁUSULAS DE RELATIVO (I)

Estas cláusulas se usan para decirnos de qué persona o cosa estamos hablando. Hacen posible dar más información sobre aquello a lo que nos referimos, así como evitan repetir un elemento que ya se ha citado.

> The book **that I have just read** is very interesting
> *El libro que acabo de leer es muy interesante*
>
> I saw a man **who was reading the newspaper**.
> *Vi a un hombre que estaba leyendo el periódico.*

Para unir las cláusulas hacemos uso de los **pronombres relativos**. En español el pronombre relativo más usado es «*que*», que equivale en inglés a «**who**» (para referirnos a personas), «**which**» (para cosas) y «**that**» (para personas y cosas; de hecho, «that» es más frecuente que «which» al referirnos a cosas).

1.- Especificativas: si toda la información es necesaria para la comprensión de la frase.

2.- Explicativas: si se añade información «extra». Esta información siempre aparecerá entre comas.

1.- Cláusulas especificativas

En ellas, el pronombre relativo (who, that o which) puede preceder a un sujeto o a un verbo (en este caso, el pronombre funciona de sujeto).Si van delante de un sujeto se pueden suprimir (de hecho se suele hacer), pero, si van delante de un verbo, siempre han de aparecer.

The man (**who/that**) I saw yesterday is your father
El hombre que vi ayer es tu padre

The man **who/that** sells meat is a butcher
El hombre que vende carne es un carnicero

This is the picture (**that, which**) she bought last week
Éste es el cuadro que ella compró la semana pasada

This is the picture **that/which** was sold for a fortune
Éste es el cuadro que se vendió por una fortuna

Have you seen the things (**that/which**) I put on the table?
¿Has visto las cosas que puse en la mesa?

Has he eaten the cake **which** was in the fridge?
¿Se ha comido el pastel que estaba en la nevera?

VOCABULARIO:
EL HOSPITAL – *The hospital*

ambulance	*ambulancia*
anaesthesia	*anestesia*
blood pressure	*presión sanguínea*
blood test	*prueba de sangre*
check-up	*chequeo*
first-aid	*primeros auxilios*
gauze	*gasa*
injection	*inyección*
mask	*mascarilla*
operation	*operación*
oxygen	*oxígeno*
plaster	*escayola*
stitches	*puntos de sutura*
stretcher	*camilla*
therapy	*terapia*
treatment	*tratamiento*
wheelchair	*silla de ruedas*

That is the **anaesthesia** they use in **operations**
Ésa es la anestesia que usan en las operaciones

Can you give me the **mask** that is on the **stretcher**?
¿Puedes darme la mascarilla que está en la camilla?

Ejercicios

1.- Usar el pronombre relativo correspondiente. Si se puede omitir, omítase.

a) The person_____ stole my car has been arrested.

b) A bottle opener is a tool _____ opens bottles.

c) The book _____ I took from the library is a dictionary.

d) This is the best wine_____ he has ever bought.

e) Have you found the key_____ you lost?

f) The movie_____ I watched was boring.

g) That is the man _____ you met last year.

h) Have you seen the lady_____ is crying?

2.- ¿Cómo se dice en inglés…..?

i) silla de ruedas _____

j) puntos de sutura_____

CLÁUSULAS DE RELATIVO (II)

Además de los pronombres relativos ya vistos en la unidad 97, también encontramos:

Where (*donde*), para referirse a lugares.

This is the house **where** I live
Ésta es la casa donde vivo

When (*cuando*), para referirse a momentos.

That is the day **when** she was born
Ése es el día cuando nació.

What (*lo que*), para referirse a «*aquello que*».

I don't understand **what** they say.
No comprendo lo que dicen.

Why (*por lo que*), para referirse a motivos.

This is the reason **why** I am here
Ésa es la razón por la que estoy aquí.

Whose (*cuyo/a/os/as*),
para referirse a posesiones.

She is the woman **whose** son
won the competition
*Ella es la mujer cuyo hijo
ganó la competición*

Estos pronombres no se omiten ante un sujeto
(aunque hay casos en lo que lo hace «where»)

2.- Cláusulas explicativas
(viene de la unidad anterior)

En ellas se da información extra, que no es
necesaria para la comprensión de la frase, y
que siempre aparece entre comas. En estos
casos nunca aparece el relativo «that», sino
que para cosas se usa «which», y dichos
pronombres («who» y «which») no pueden
omitirse nunca.

Michael, **who** I saw yesterday,
was wearing a blue coat.
*Michael, a quien vi ayer,
llevaba un abrigo azul.*

Michael, **who** is my neighbor, had an accident.
*Michael, que es mi vecino,
tuvo un accidente.*

That lamp, **which** I bought in Paris, is very nice.
*Esa lámpara, que compré en
París, es muy bonita.*

That lamp, **which** is made
of plastic, is very practical.
*Esa lámpara, que está hecha
de plástico, es muy práctica.*

«**Which**» también se usa para referirse a
toda la idea previamente expresada.

I passed all my tests, **which**
surprised everybody.
*Aprobé todos mis exámenes, lo que
sorprendió a todo el mundo.*

A **meteorite**, which is a rock from the
outer space, was found in Nebraska.
*Un meteorito, que es una roca del espacio
exterior, fue encontrado en Nebraska*

The Earth is the **planet** where we live
La Tierra es el planeta donde vivimos

259

Ejercicios

1.- Completar con el pronombre relativo correspondiente.

a) That is not _____ I said.

b) I won the match, _____ made me very happy.

c) This is the hospital _____ she was born.

d) Peter, _____ is the manager, is now on vacation.

e) He is the man _____ wife is Jessica.

f) Do you know _____ I am here today?

g) I don't remember _____ I met you. Was it last year?

h) Miami, _____ is in the south of Florida, is a beautiful city.

2.- ¿Cuáles son los cuatro puntos cardinales en inglés?

_____

3.- ¿Cómo se dice en inglés «ovni»?

_____

The solutions section is upside-down at bottom left.

Soluciones:
1.- a) what; **b)** which;
c) where; **d)** who;
e) whose; **f)** why; **g)** when;
h) which. **2.-** north, south, east, west.
3.- UFO.

unidad 99
contenido

1 LOS VERBOS «TO SAY» Y «TO TELL»
2 EL ESTILO INDIRECTO
3 EJERCICIOS

LOS VERBOS «TO SAY» Y «TO TELL»

Ambos tienen un significado parecido (*decir*), pero «to say» se utiliza cuando no aparece el oyente y «to tell» cuando éste sí se menciona. [Hay casos en los que «to say» se puede usar con el oyente, pero se precisa «to» (She said to me / *Ella me dijo*)].

She **said** (that) she would do it
Ella dijo que lo haría

She **told** <u>me</u> (that) she would do it
Ella me dijo que lo haría

EL ESTILO INDIRECTO

Es aquel que se usa cuando se reproducen las palabras que alguien dijo en algún momento. Para ello se utilizan los verbos «say» (*decir*), «tell» (*decir*), «ask» (*pedir, preguntar*) y algunos otros.

Estilo directo:
Susan: I'm cold
Susan: Tengo frío

Estilo indirecto:
Susan said (that) she was cold
Susan dijo que tenía frío

Al reproducir unas palabras se producen algunos cambios: los sujetos, adverbios de tiempo, posesivos, pronombres, etc., así como los tiempos verbales, que han de usarse en un tiempo anterior al expresado. Así:

Lo que se dijo en:	pasa a decirse en:
presente simple	pasado simple
presente continuo	pasado continuo
pasado simple	pretérito pluscuamperfecto
pasado continuo	pret. pluscuamperfecto continuo
pretérito perfecto	pretérito pluscuamperfecto
pret. perfecto continuo	pret. pluscuamperfecto continuo
pretérito pluscuamperfecto	pret. pluscuamperfecto
futuro (will + inf.)	condicional (would + inf.)

Kevin: It's raining today
Kevin: Está lloviendo hoy

Kevin said it was raining that day
Kevin dijo que estaba lloviendo ese día.

Maggie: I made a cake
Maggie: Hice un pastel

Maggie said she had made a cake
Maggie dijo que había hecho un pastel

Peter and Tom: We have done our homework
Peter y Tom: Hemos hecho nuestros deberes

Peter and Tom said they had done their homework
Peter y Tom dijeron que habían hecho sus deberes

Otros cambios que se producen:

	Pasa a ser:	
today	that day	*ese día*
tonight	that night	*esa noche*
yesterday	the day before	*el día anterior*
tomorrow	the following day	*el día siguiente*
last week	the week before	*la semana anterior*
next week	the following week	*la semana siguiente*
....ago:	..........before	.... *antes*
now	then	*entonces*

Mary: I bought a ring in this shop yesterday
Mary: Compré un anillo en esta tienda ayer

Mary told me (that) she had bought a ring in that shop the day before

Mary me dijo que había comprado un anillo en esa tienda el día anterior

Ejercicios

1.- Cambiar a estilo indirecto.

a) Tom: My mother has been ill.

b) George: They will win the match tomorrow.

c) Sarah: I am ready now.

d) Susan: My brothers aren't working today.

e) William: I can swim but I can't ski.

f) Peter: Paul's father bought a computer last month.

g) Minerva: I won't study geography next year.

h) Roger: My brother straighten up our bedroom two hours ago.

i) Louis: I am living in London now.

j) Liz: I had painted some pictures.

PREGUNTAS EN ESTILO INDIRECTO

Al expresar una pregunta en estilo indirecto ésta deja de ser pregunta, por lo que no habrá que hacer ninguna inversión de orden del sujeto y el auxiliar, ni habrá que usar «do, does, did, etc.», así como tampoco el signo de interrogación.

Las preguntas en estilo directo pueden ser de dos tipos:

a) Empezando por un auxiliar:

Bill: Sarah, **are** you on a diet?
Betty: **Did** he sing that song?
Paul: **Have** you studied Italian?

b) Empezando por un pronombre interrogativo:

Greg: **What** are you doing?
Frank: **Where** has he gone?
Peter: **How** will we go there?

Para reproducir estas preguntas usamos el verbo «**to ask**» (*preguntar*) y después:

- Si la pregunta se inicia con un auxiliar, en estilo indirecto se usará «**if**» o «**whether**» (*si*).

Bill asked **if** Sarah was on a diet.
Bill preguntó si Sarah estaba a dieta.

Betty asked **if** he had sung that song.
Betty preguntó si él había cantado esa canción.

Paul asked me **if** I had studied Italian
Paul me preguntó si había estudiado italiano

- Si la pregunta empieza con un pronombre interrogativo, éste se repite en estilo indirecto.

Greg asked me **what** I was doing
Greg me preguntó lo que estaba haciendo

Frank asked **where** his mother had gone
Frank preguntó que dónde había ido su madre

Peter asked **how** they would get there
Peter preguntó que cómo llegarían allí

Además del verbo «**ask**», también se pueden usar otros, como «**want to know**» (*querer saber*).

Peter **wanted to know** how they would get there
Peter quería saber cómo llegarían allí

IMPERATIVOS EN ESTILO INDIRECTO

Al transformar imperativos a estilo indirecto, se ha de utilizar la estructura:

ask / tell + person + to + infinitivo
pedir a alguien que haga algo

En este caso, el verbo «**ask**» equivale a «*pedir*».

James: Go out!
James: ¡Sal!
James asked me to go out
James me pidió que saliera

John: Open the door!
John: ¡Abre la puerta!
John asked me to open the door
John me pidió que abriera la puerta

Cuando el imperativo es negativo, en estilo indirecto se usa «not» delante del infinitivo.

Barbara: Don't get up late!
Bárbara: ¡No os levantéis tarde!

Barbara told us **not** <u>to get up</u> late
Bárbara nos dijo que no nos levantáramos tarde

Linda: Don't go there by train
Linda: No vayas allí en tren

Linda asked me **not** <u>to go there</u> by train
Linda me pidió que no fuera allí en tren

Ejercicios

1.- Transformar las frases a estilo indirecto. Las preguntas y los imperativos van dirigidos a mí.

a) Robert: Can you do me a favor?

b) Steve: What time is it?

c) Pamela: How are you?

d) Leo: Did Paul write any letter?

e) Frank: Where will you go?

f) The doctor: Don't smoke!

g) Brenda: Come in and sit down!

h) Mary: Help me, please!

i) Henry: Don't open that box!

j) Louis: Listen and repeat!

Soluciones:

1.- a) Robert asked me if I could do him a favor; **b)** Steve asked (me) what time it was; **c)** Pamela asked me how I was; **d)** Leo asked me if Paul had written any letter; **e)** Frank asked me where I would go; **f)** The doctor asked me not to smoke; **g)** Brenda asked me to come in and sit down; **h)** Mary told/asked me not to open that box; **i)** Henry told/asked me not to open that box; **j)** Louis told/asked me to listen and repeat.

apéndice

A continuación se muestra una lista de verbos irregulares, con sus formas de pasado y de participio, así como su equivalentes en español.

Infinitivo	Pasado	Participio	
to be	was / were	been	*(ser, estar)*
to become	became	become	*(hacerse, convertirse)*
to begin	began	begun	*(empezar, comenzar)*
to bite	bit	bitten	*(morder, picar)*
to blow	blew	blown	*(soplar)*
to break	broke	broken	*(romper)*
to bring	brought	brought	*(traer)*
to build	built	built	*(construir)*
to burn	burnt	burnt	*(arder, quemar)*
to buy	bought	bought	*(comprar)*
to catch	caught	caught	*(coger, atrapar)*
to choose	chose	chosen	*(elegir, escoger)*
to come	came	come	*(venir)*
to cost	cost	cost	*(costar)*
to cut	cut	cut	*(cortar)*
to dig	dug	dug	*(cavar)*
to do	did	done	*(hacer)*
to draw	drew	drawn	*(dibujar, trazar)*

verbos irregulares

Infinitivo	Pasado	Participio	
to dream	dreamt	dreamt	*(soñar)*
to drink	drank	drunk	*(beber)*
to drive	drove	driven	*(manejar)*
to eat	ate	eaten	*(comer)*
to fall	fell	fallen	*(caer)*
to feed	fed	fed	*(alimentar, dar de comer)*
to feel	felt	felt	*(sentir)*
to fight	fought	fought	*(pelear, luchar)*
to find	found	found	*(encontrar)*
to fly	flew	flown	*(volar)*
to forget	forgot	forgotten	*(olvidar)*
to get	got	got / gotten	*(conseguir, llegar)*
to give	gave	given	*(dar)*
to go	went	gone	*(ir)*
to grow	grew	grown	*(crecer, cultivar)*
to have	had	had	*(tener, haber, tomar)*
to hear	heard	heard	*(oír)*
to hide	hid	hidden	*(esconder, ocultar)*
to hurt	hurt	hurt	*(doler, hacer daño)*

verbos irregulares

Infinitivo	Pasado	Participio	
to keep	kept	kept	*(guardar)*
to know	knew	known	*(conocer)*
to leave	left	left	*(dejar, abandonar, marcharse)*
to lend	lent	lent	*(prestar)*
to let	let	let	*(permitir)*
to lose	lost	lost	*(perder)*
to make	made	made	*(hacer, fabricar)*
to mean	meant	meant	*(significar, querer decir)*
to meet	met	met	*(conocer, reunirse)*
to pay	paid	paid	*(pagar)*
to put	put	put	*(poner)*
to read	read	read	*(leer)*
to ride	rode	ridden	*(montar) [a caballo, en bicicleta]*
to ring	rang	rung	*(sonar)*
to run	ran	run	*(correr)*
to say	said	said	*(decir)*
to see	saw	seen	*(ver)*
to sell	sold	sold	*(vender)*
to send	sent	sent	*(enviar)*

verbos irregulares

Infinitivo	Pasado	Participio	
to shake	shook	shaken	*(agitar, sacudir)*
to shoot	shot	shot	*(disparar)*
to show	showed	shown	*(mostrar, enseñar)*
to sing	sang	sung	*(cantar)*
to sit	sat	sat	*(sentarse)*
to sleep	slept	slept	*(dormir)*
to smell	smelt	smelt	*(oler)*
to speak	spoke	spoken	*(hablar)*
to spend	spent	spent	*(gastar [dinero], pasar [tiempo])*
to steal	stole	stolen	*(robar)*
to swim	swam	swum	*(nadar)*
to take	took	taken	*(llevar, tomar, coger)*
to teach	taught	taught	*(enseñar)*
to tell	told	told	*(decir)*
to think	thought	thought	*(pensar)*
to throw	threw	thrown	*(tirar, arrojar)*
to understand	understood	understood	*(comprender)*
to wear	wore	worn	*(llevar puesto)*
to win	won	won	*(ganar)*
to write	wrote	written	*(escribir)*

Fotos interior:
- Agata Wolszczak | Dreamstime.com
- Ahmet Ihsan Ariturk | Dreamstime.com
- Aida Ricciardiello | Dreamstime.com
- Andres Rodriguez | Dreamstime.com
- Andrey Burmakin | Dreamstime.com
- Anna Jurkovska | Dreamstime.com
- Arenacreative | Dreamstime.com
- Ariwasabi | Dreamstime.com
- Brankatekic | Dreamstime.com
- Brenda Carson | Dreamstime.com
- Candybox Photography | Dreamstime.com
- Chris Noble | Dreamstime.com
- Dana Bartekoske Heinemann | Dreamstime.com
- Dean Mitchell | Dreamstime.com
- Denis Raev | Dreamstime.com
- Dianamower | Dreamstime.com
- Dmitriy Shironosov | Dreamstime.com
- Dmitry Ersler | Dreamstime.com
- Dtguy | Dreamstime.com
- Eastwest Imaging | Dreamstime.com
- Elena Elisseeva | Dreamstime.com
- Elfphoto | Dreamstime.com
- Eli Mordechai | Dreamstime.com
- Epicstock | Dreamstime.com
- Erik Reis | Dreamstime.com
- Francesco Ridolfi | Dreamstime.com
- Franz Pfluegl | Dreamstime.com
- Frenk And Danielle Kaufmann | Dreamstime.com
- Greenstockcreative | Dreamstime.com
- Hunor83 | Dreamstime.com
- Irina Shoyhet | Dreamstime.com
- James Camp | Dreamstime.com
- Jason Stitt | Dreamstime.com
- Jonathan Ross | Dreamstime.com
- Kitchner Bain | Dreamstime.com
- Kornilovdream | Dreamstime.com
- Larisa Lofitskaya | Dreamstime.com
- Leo Bruce Hempell | Dreamstime.com
- Lisa F. Young | Dreamstime.com
- Lorraine Kourafas | Dreamstime.com
- Madja | Dreamstime.com
- Mangostock | Dreamstime.com
- Maria Dryfhout | Dreamstime.com
- Mark Martin | Dreamstime.com
- Max Blain | Dreamstime.com
- Mitchell Barutha | Dreamstime.com
- Mm72 | Dreamstime.com
- Monkey Business Images | Dreamstime.com
- Moreno Soppelsa | Dreamstime.com
- Nicholas Sutcliffe | Dreamstime.com
- Nikolay Okhitin | Dreamstime.com
- Nimizida | Dreamstime.com
- Olesya Dorozhenko | Dreamstime.com
- Orangeline | Dreamstime.com
- Paulpaladin | Dreamstime.com
- Pavel Losevsky | Dreamstime.com
- Petesaloutos | Dreamstime.com
- Photographerlondon | Dreamstime.com
- Piotr Antonów | Dreamstime.com
- Pro777 | Dreamstime.com
- Redbaron | Dreamstime.com
- Refat Mamutov | Dreamstime.com
- Ron Chapple Studios | Dreamstime.com
- Roxana González | Dreamstime.com
- Scott Griessel | Dreamstime.com
- Sebastian Czapnik | Dreamstime.com
- Shariff Che' Lah | Dreamstime.com
- Skopal | Dreamstime.com
- Soulgems | Dreamstime.com
- Ssuaphoto | Dreamstime.com
- Stanislav Perov | Dreamstime.com
- Stefano Lunardi | Dreamstime.com
- Stephen Coburn | Dreamstime.com
- Suprijono Suharjoto | Dreamstime.com
- Tan4ikk | Dreamstime.com
- Tatyana Gladskikh | Dreamstime.com
- Tyler Olson | Dreamstime.com
- Ukrphoto | Dreamstime.com
- Valua Vitaly | Dreamstime.com
- Vanessa Van Rensburg | Dreamstime.com
- Viorel Railean | Dreamstime.com
- Vladikpod | Dreamstime.com
- Wavebreakmedia Ltd | Dreamstime.com
- Yana Revina | Dreamstime.com
- Yuri Arcurs | Dreamstime.com
- Yurok Aleksandrovich | Dreamstime.com